한 번에 완성하는 AI 영상 제작
with 챗GPT+소라+브루

한 번에 완성하는 AI 영상 제작 with 챗GPT+소라+브루

ⓒ 2025. 권유라 All rights reserved

1판 1쇄 발행 2025년 6월 12일
1판 2쇄 발행 2025년 8월 22일

지은이 권유라
펴낸이 장성두
펴낸곳 주식회사 제이펍

출판신고 2009년 11월 10일 제406-2009-000087호
주소 경기도 파주시 회동길 159 3층 / **전화** 070-8201-9010 / **팩스** 02-6280-0405
홈페이지 www.jpub.kr / **투고** submit@jpub.kr / **독자문의** help@jpub.kr / **교재문의** textbook@jpub.kr

소통기획부 김정준, 이상복, 안수정, 박재인, 박새미, 송영화, 김은미, 나준섭, 권유라
소통지원부 민지환, 이승환, 김정미, 박예은 / **디자인부** 이민숙, 최병찬

진행 및 교정·교열 나준섭 / **표지 및 내지 디자인** 스튜디오 글리
용지 타라유통 / **인쇄** 한길프린테크 / **제본** 일진제책사

ISBN 979-11-94587-30-9(13000)
책값은 뒤표지에 있습니다.

※ 이 책은 저작권법에 따라 보호를 받는 저작물이므로 무단 전재와 무단 복제를 금지하며,
 이 책 내용의 전부 또는 일부를 이용하려면 반드시 저작권자와 제이펍의 서면 동의를 받아야 합니다.
※ 잘못된 책은 구입하신 서점에서 바꾸어 드립니다.

제이펍은 여러분의 아이디어와 원고를 기다리고 있습니다. 책으로 펴내고자 하는 아이디어나 원고가 있는 분께서는
책의 간단한 개요와 차례, 구성과 지은이/옮긴이 약력 등을 메일(submit@jpub.kr)로 보내 주세요.

한 번에 완성하는 AI 영상 제작

with

챗 GPT + **소라** + **브루**

권유라 지음

+ 누구나 쉽게 시작하는 숏폼 & 애니메이션 영상 제작

드리는 말씀

- 이 책에 기재된 내용을 기반으로 한 운용 결과에 대해 지은이, 소프트웨어 개발자 및 제공자, 제이펍 출판사는 일체의 책임을 지지 않으므로 양해 바랍니다.
- 이 책에 등장하는 각 회사명, 제품명은 일반적으로 각 회사의 등록상표 또는 상표입니다. 본문 중에서는 ™, ⓒ, ® 등의 기호를 생략했습니다.
- 이 책에서 소개한 URL 등은 시간이 지나면 변경될 수 있습니다.
- 이 책에서 사용하고 있는 Sora는 2025년 5월을 기준으로, 데이터베이스 등 최신 버전을 반영했습니다. 독자의 학습 시점이나 환경에 따라 책의 내용과 다를 수 있습니다.
- 사용하지 않는 애플리케이션은 꼭 구독을 취소하세요. 구독을 취소하지 않아 발생한 요금에 대해서 지은이/출판사는 책임을 지지 않습니다.
- 이 책은 지은이가 조사한 결과를 바탕으로 집필되었습니다.
- 책의 내용과 관련된 문의사항은 지은이나 출판사로 연락해 주시기를 바랍니다.

지은이 yoorasdf@gmail.com | **출판사** help@jpub.kr

들어가며

누구나 창작자가 될 수 있는 시대가 열렸습니다. 고가의 장비, 복잡한 편집 기술 없이 단 몇 줄의 글만으로도 AI를 통해 멋진 동영상을 만들 수 있게 되었습니다.

예전에는 영상 하나를 만들기 위해 비싼 카메라 장비를 갖추고, 복잡한 편집 프로그램을 익혀야 했습니다. 하지만 인공지능의 발달로 영상 제작의 문턱이 놀라울 만큼 낮아졌습니다. 누구나 마우스 클릭 몇 번과 간단한 글 입력만으로 창의적인 영상을 뚝딱 만들어 낼 수 있는 시대가 도래한 것이죠.

이 책에서는 그 중심에 있는 AI 영상 생성 도구, Sora를 소개합니다. Sora는 여러분이 떠올리는 장면을 영상으로 구현해 주는 AI 플랫폼으로, 텍스트 프롬프트만으로 다양한 형태의 콘텐츠를 제작할 수 있게 도와줍니다. 영상 제작이 처음이라 걱정이신가요? 괜찮습니다. 이 책은 처음부터 끝까지 여러분이 직접 따라 해 볼 수 있도록 구성되었습니다.

1부에서는 AI 동영상 생성 기술의 원리와 활용 사례, Sora의 기본적인 사용법을 익힙니다. 단순히 '도구 사용법'을 넘어, AI가 영상을 어떻게 이해하고 만들어 내는지 함께 알아봅니다.

2부에서는 멋진 결과물을 얻기 위해 꼭 필요한 프롬프트에 대해 배웁니다. 프롬프트의 역할과 기본 구조를 배우고, 좋은 프롬프트 요소들과, 챗GPT를 활용해 손쉽게 프롬프트를 작성하는 방법을 알아봅니다.

3부에서는 챗GPT로 대본을 작성하고, Sora로 영상을 생성하고, Vrew로 영상 편집까지 진행해 봅니다. Sora를 이용해 진짜 실전에 활용할 수 있는 영상을 만드는 방법을 알아봅니다.

이 책은 단순한 사용 설명서가 아닙니다. 여러분이 AI와 함께 영상이라는 새로운 언어로 상상력을 표현하는 여정입니다. 배경, 인물, 감정, 빛과 분위기까지, 모든 것이 여러분의 프롬프트 한 줄에서 시작됩니다. 자신만의 감성과 이야기를 담아내는 영상 제작의 첫걸음을 지금 내디뎌 보세요. 마지막으로 저를 믿고 계약해 주신 장성두 대표님, 보잘것없는 원고를 멋진 책으로 완성해 주신 나준섭 편집자님, 항상 큰 지지와 응원을 보내 주시는 이상복 팀장님께 감사드립니다.

Sora 프롬프트를 영어로 작성해야 하는 이유

AI 영상 생성에서 프롬프트는 설계도와 같습니다. 같은 내용을 입력해도 영상의 디테일이 완전히 달라지기 때문에, 프롬프트를 어떻게 쓰느냐가 영상의 퀄리티를 좌우하죠. 여러 효과적인 프롬프트 작성법이 있지만 그중에서도 가장 먼저 알아야 할 부분은 바로 '영어로 프롬프트를 작성해야 한다'는 점입니다. 우선 영어 프롬프트와 한글 프롬프트로 출력한 두 영상을 보겠습니다.

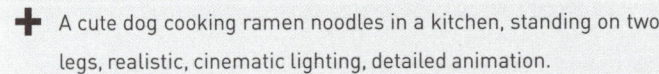

➕ 부엌에서 두 발로 서서 라면을 요리하는 귀여운 강아지, 현실적이고 시네마틱한 조명, 디테일한 애니메이션 스타일.

➕ A cute dog cooking ramen noodles in a kitchen, standing on two legs, realistic, cinematic lighting, detailed animation.

프롬프트의 주제는 '부엌에서 두 발로 서서 요리하는 강아지'예요. 하지만 두 영상을 비교해 보면, 영어 프롬프트는 '부엌에서 두 발로 서서 요리하는 강아지'라는 주제를 잘 구현한 반면, 한글 프롬프트는 이를 잘 구현하지 못한 것을 볼 수 있어요. 왜 이런 문제가 발생하는 걸까요?

우선 Sora를 비롯한 대부분의 생성형 AI는 방대한 양의 영문 데이터를 바탕으로 학습됩니다. 따라서 사용자가 한글로 프롬프트를 입력하면, 생성형 AI는 이를 곧바로 이해하는 것이 아니라 내부에서 영어로 자동 번역한 뒤 처리합니다. 이 과정은 매우 빠르게 일어나지만, 사람이 다듬은 번역이 아닌 기계적인 직역에 가까워요. 기계적 직역은 문법적 오류를 줄이는 데는 유리할 수 있지만, 사용자가 의도한 뉘앙스나 세부 의도는 제대로 옮기기 어렵습니다. 결과적으로 원래 구상했던 이미지를 온전히 반영하지 못하고, 핵심 요소가 누락되거나 왜곡되기 쉽습니다. 앞서 본 것과 같이 말이죠.

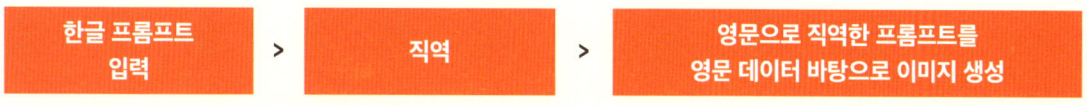

그리고 한글은 영어에 비해 영화, 드라마, 애니메이션 등 분야에서의 문어·구어 표현이 제한적이고, 전문 용어도 통일되지 않은 경우가 많습니다. 이로 인해 생성형 AI가 한글로 표현한 디테일을 학습할 기회가 적죠. 이로 인해 Sora는 영어 프롬프트의 'cinematic lighting'이 의미하는 화면 톤과 분위기를 즉각 떠올릴 수 있지만, 학습 빈도가 낮은 한글 프롬프트의 '시네마틱한 조명'은 뭉뚱그려 해석될 가능성이 높아요. 실제로 옆의 예시에도, 한글 프롬프트는 '시네마틱한 조명', '애니메이션 스타일' 등은 잘 반영되지 않았어요.
그래서 이 책에서는 Sora 프롬프트를 영어로 작성하는 것을 기본으로 하고 있어요. 그렇다면 Sora로 AI 영상을 제작하기 위해서는 영어를 잘해야 할까요? 그렇지 않아요. 영어를 못해도, 챗GPT를 사용해 프롬프트를 작성할 수 있어요. 여러분이 준비해야 하는 건 딱 하나 '아이디어'입니다.

이 책에서는 챗GPT - Sora로 이어지는 과정을 단계별로 안내하고 있어요. 차근차근 따라 하면 영어 번역에서 발생할 수 있는 아이디어 손실 없이, 영어 프롬프트의 장점을 그대로 누릴 수 있답니다. 걱정하지 말고 천천히 따라오세요!

이 책의 구성

긴 영어 프롬프트 작성이 어려운 독자를 위해 프롬프트를 '프롬프트 정리' 노션에 정리하였습니다. 직접 타이핑할 필요 없이 프롬프트를 쉽게 입력할 수 있습니다.

01 노션 '프롬프트 정리' 페이지에 접속합니다. 이미지의 QR코드를 찍어 접속하거나, 링크 https://bit.ly/soraprompt1를 직접 입력해 접속할 수 있습니다.

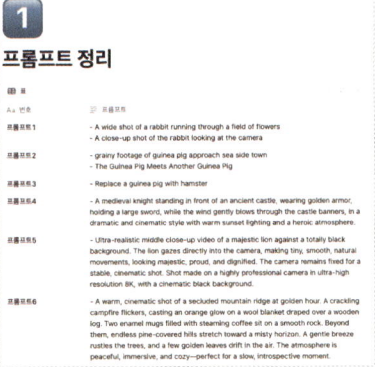

02 책에 표시된 프롬프트 번호를 노션에서 찾습니다. 해당하는 프롬프트를 '클립보드에 복사' 나 Ctrl + C 를 눌러 복사하고, 소라 프롬프트 창에 Ctrl + V 를 눌러 붙여넣기 합니다.

Sora 업데이트 등 책에 관한 다양한 소식을 얻으시려면 다음 링크 https://bit.ly/Soranews1를 방문해 보세요.

차례

들어가며 … 005
Sora 프롬프트를 영어로 작성해야 하는 이유 … 006
이 책의 구성 … 008

1부 Sora 시작하기

1장 AI 영상이 뭐예요?
01 AI로 영상을 만든다고요? … 013
02 AI 영상 생성 원리 … 015
03 AI 영상은 어디에 사용될까요? … 017
04 Sora와 다른 도구 비교하기 … 019

2장 Sora 처음 써 보기
01 Sora 가입·결제하기 … 022
02 Sora 사이드바 살펴보기 … 026
03 동영상 프롬프트 창 살펴보기 … 034
04 이미지 프롬프트 창 살펴보기 … 039
05 간단한 프롬프트로 영상 만들기 … 041
06 Sora 기본 기능 익히기 … 045

2부 Sora 프롬프트 작성하기

3장 프롬프트란 무엇인가요?
01 프롬프트의 역할과 기본 구조 … 061
02 Top 영상 프롬프트 분석하기 … 069

4장 챗GPT로 Sora 시작하기
01 챗GPT로 프롬프트 작성하기 … 081
02 챗GPT로 프리셋 만들기 … 092

3부 실전 영상, 제작부터 편집까지

5장 애니메이션 만들기
01 챗GPT로 애니메이션 기획하기 … 101
02 일관된 스타일로 영상 생성하기 … 107
03 Vrew로 애니메이션 영상 편집하기 … 123

6장 유튜브 쇼츠 만들기
01 챗GPT로 쇼츠 기획하기 … 133
02 대본에 맞는 영상 생성하기 … 137
03 Vrew로 쇼츠 영상 편집하기 … 144

부록
01 Sora에 대해 자주 묻는 질문(FAQ) … 151
02 Sora 프롬프트.zip … 154

마치며 … 162
찾아보기 … 163

1 Sora 시작하기

AI 기술은 우리가 일상에서 경험하는 많은 일을 빠르고 간단하게 만들어 주고 있습니다. 그중에서도 **AI 동영상 생성 기술**은 영상 제작의 새로운 장을 열고 있어요. 비싼 장비나 전문적인 기술이 없어도 누구나 멋진 영상을 만들어 낼 수 있는 시대가 되었죠. 1부에서는 AI 동영상 생성 기술이 무엇인지, Sora라는 도구가 어떻게 활용되는지 알아보면서, 여러분이 직접 동영상을 만들어 볼 수 있도록 안내할 거예요.

1장
AI 영상이 뭐예요?

영상 제작은 이제 전문가만의 영역이 아닙니다. AI 기술 덕분에, 여러분도 프롬프트만으로 멋진 영상을 만들어 낼 수 있어요! 1장에서는 AI 동영상 생성 기술이 무엇인지, 그 원리는 무엇인지, 그리고 일상에서 어떤 방식으로 활용될 수 있는지 보고, Sora와 다른 도구를 비교하여 Sora의 강점을 알아보겠습니다.

 AI로 영상을 만든다고요?

요즘 우리는 정말 다양한 영상을 매일같이 접하고 있어요. 틱톡TikTok, 릴스Reels, 쇼츠Shorts 등 동영상부터 광고, 게임 트레일러까지, 우리가 매일 보는 영상들은 대부분 전문가들이 오랜 시간 공들여 만든 것들이에요. 이전까지는 영상 제작을 위해서는 고급 카메라로 촬영하고, 조명과 소품을 준비하고 편집하는 데 많은 시간과 비용이 들고, 영상 전문가의 전문적인 기술이 필요했습니다. 하지만 요즘은 인공지능artificial intelligence, AI이 이 모든 것을 도와줄 수 있어요.

+ A smiling black poodle dressed as Santa
  산타 옷을 입고 웃고 있는 검은색 푸들

AI 동영상 생성 기술은 AI에게 설명하는 글인 프롬프트prompt만 입력하면, 그걸 바탕으로 AI가 새로운 동영상을 만들어 주는 기술이에요. 예를 들어, '산타 옷을 입고 웃고 있는 검은색 푸들'이라고 프롬프트를 입력하면, AI가 상상력을 발휘해서 영상을 제작해 주는 거죠. 어떻게 이런 일이 가능할까요? 이 기술은 AI가 수많은 데이터를 학습하고, 다양한 장면을 자동으로 생성하는 능력을 가지고 있기 때문이에요. AI는 이미지와 영상을 결합하고, 움직임을 추가해서 현실감 있는 동영상을 제작할 수 있죠.

AI 동영상 생성 기술을 활용하면 장비가 없어도 글을 입력하는 것만으로도 영상을 만들 수 있고, 빠르고 간단하게 원하는 영상을 생성할 수 있어 시간과 비용을 절약할 수 있습니다. AI가 알아서 제작 과정을 처리하기 때문에 영상 전문가가 아니어도, 카메라가 없어도 간단한 영상을 제작할 수 있어요.

+ A cute white cat dances like a rock star

록 스타처럼 춤을 추는 귀여운 흰 고양이

AI 영상 생성 원리

AI 동영상 생성 기술은 마법처럼 보일 수 있지만, 그 뒤에는 복잡하고 놀라운 과정이 숨어 있어요. 여러분도 알아 두면 좋을 AI 동영상 생성 기술의 기본 원리를 알려드릴게요.

1. 프롬프트를 입력해요!

AI 영상 제작의 첫 단계는 여러분이 입력한 글, 즉 **프롬프트**를 받는 거예요. 예를 들어, '숲속에서 나비들이 춤추는 장면을 보여 줘!'라고 입력하면, AI는 이 문장을 이해하려고 노력해요. 이때 AI는 이미 학습한 방대한 데이터베이스를 이용해 여러분이 입력한 내용을 해석합니다.

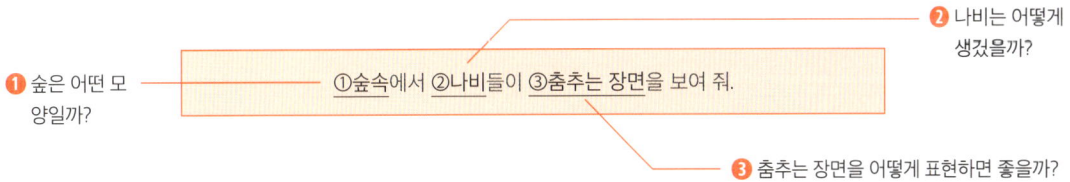

이렇게 문장을 분석하고, 필요한 이미지와 장면을 생성하죠.

2. AI가 상상력을 발휘해요!

AI는 데이터베이스에서 이미지만 찾는 게 아니라, 장면의 분위기와 움직임까지 계산해요. AI의 알고리즘은 텍스트를 바탕으로 **이미지 생성**, **움직임 추가**, **장면 연결** 같은 작업을 자동으로 처리합니다.

- 숲의 배경은 정적인 이미지가 아니라, 바람에 나무가 흔들리는 움직임이 포함될 수 있어요.
- 나비가 날아다니는 모습을 역동적으로 만들어 주기도 하죠.

3. 완성된 영상을 받아요!

몇 분 뒤, 여러분이 입력한 설명을 바탕으로 완성된 영상이 생성돼요. 이 과정에서 여러분은 카메라를 들 필요도 없고, 편집 기술을 배울 필요도 없어요. AI가 모든 작업을 대신해 주는 거죠.

+ Butterflies dancing in the forest

　숲속에서 춤추는 나비들

03 | AI 영상은 어디에 사용될까요?

AI 영상은 광고, 교육 콘텐츠, 소셜 미디어 콘텐츠, 영화와 애니메이션까지 다양한 분야에 활용되고 있어요. 장비나 촬영 없이도 아이디어만 있으면 빠르게 제작할 수 있다는 점에서 1인 크리에이터와 마케터 모두에게 매력적인 도구예요. 무엇보다 중요한 건 목적에 따라 적절한 스타일을 설정해 준다는 점이에요. AI 영상은 창작자의 상상력을 실현해 주는 새로운 창작 수단입니다.

1. 광고와 마케팅

기업들이 제품을 홍보할 때 짧고 강렬한 광고 영상을 만들어야 하죠. 예를 들어 신발 회사에서 새로운 운동화를 소개하려고 한다면, AI에 '빨간 운동화를 신은 사람이 해변에서 날리는 모습'이라는 프롬프트를 입력해 광고에 필요한 영상을 몇 초 만에 제작할 수 있어요. 실제로 2024년, 글로벌 완구 업체 토이저러스는 Sora로 생성한 광고를 '2024 칸 라이온즈 페스티벌'에서 선보이기도 했어요.

2. 교육 콘텐츠

학교나 온라인 강의에서는 복잡한 개념을 쉽게 설명하기 위해 동영상을 활용해요. 예를 들어, 지구의 자전과 공전을 설명하는 애니메이션이나 매머드가 눈밭을 달리는 영상을 AI로 만들어, 교보재로 사용한다면 학생들이 이해하기 훨씬 쉽겠죠?

3. 소셜 미디어 콘텐츠

틱톡, 릴스, 쇼츠 같은 숏폼 플랫폼에서는 매력적인 영상을 빨리 만드는 것이 중요해요. AI는 '파도가 부서지는 장면'이나 '별이 반짝이는 밤하늘'처럼 짧고 감성적인 영상 제작에 딱 맞는 도구예요.

4. 영화와 애니메이션

AI는 짧은 동영상뿐 아니라 스토리 있는 영화나 애니메이션 제작에도 점점 활용되고 있어요. 중세 판타지 세계를 배경으로 한 단편 영화를 만들고 싶다면, AI에게 필요한 장면과 스토리를 입력해 보세요. AI가 완성도 높은 영상을 제작해 줄 거예요.

> **TIP** >>
>
> AI 기술은 유익하게 활용될 수 있지만, 동시에 악용될 우려도 커지고 있어요. 진짜처럼 보이는 가짜 뉴스나 사기 영상이 만들어져 혼란을 줄 수 있고, 특정 인물을 합성한 유해 콘텐츠가 퍼지면 큰 피해가 발생할 수 있어요. 오픈AI^{OpenAI}를 비롯한 기술 기업들도 이런 문제를 막기 위해 기술적 장치와 사용 정책을 강화하고 있어요. AI 기술을 더 안전하게 쓰기 위한 사회적 논의도 함께 진행되고 있답니다.

 Sora와 다른 도구 비교하기

AI 동영상 제작 플랫폼은 현재 다양한 선택지가 있어요. 각각의 도구가 제공하는 기능과 강점이 다르기 때문에, 자신에게 맞는 도구를 선택하는 것이 중요해요. 여기서는 **Sora**와 함께 자주 언급되는 주요 AI 동영상 제작 도구를 비교하며 특징과 차이점을 살펴볼게요.

도구	해상도	최대 동영상 길이	생성 비율 (가로:세로)	가격	특징 및 강점
Sora	최대 1080p(FHD)	최대 20초	16:9, 1:1, 9:16 지원	$20/월부터 시작	사용자 친화적, 광고/교육/SNS 콘텐츠에 최적화
Runway Gen-3 Alpha	최대 720p(HD)	최대 10초	16:9	$12/월부터 시작	일관성 높은 캐릭터 표현, 자연스러운 움직임
Pika 2.0	최대 720p(HD)	최대 5초	16:9, 9:16, 1:1, 5:2, 4:5, 4:3	$8/월부터 시작	물리 엔진 업그레이드

※ 2025년 5월 기준

1. Sora

프롬프트는 물론, 이미지 기반 프롬프트로도 동영상을 생성할 수 있어요. **물리적으로 일관된 동작**과 **사실적인 환경**을 생성하는 데 강점이 있습니다. 카메라 움직임, 캐릭터 애니메이션, 그림자, 조명 등이 정교하고, 다양한 스타일(실사, 애니메이션 등)을 지원해요. 다만, 세부적인 제어는 아직 어렵고, 물리적 법칙이 깨지는 경우도 있어요.

- **추천 대상**: SNS 콘텐츠, 광고, 교육용 영상 등을 생성하고자 하는 사용자에게 적합해요.
- **장점**: 사용자 친화적이며, 다양한 플랫폼에 맞춘 콘텐츠를 제작할 수 있어요.
- **단점**: 세부적인 제어가 어렵고, 물리 엔진이 아직 뛰어나지 않아요.

2. Runway Gen-3 Alpha

실사 수준의 동영상과 높은 텍스처 디테일을 제공해요. 기존 Gen-2 대비 **일관성 높은 캐릭터 표현과 자연스러운 움직임**을 보여 줍니다. **비디오-비디오 변환**(기존 영상을 바탕으로 스타일을 수정하는 기능)에 강점이 있어요. 다만, 초고해상도 및 복잡한 물리적 상호작용 구현은 제한적이고, 장면별 컨트롤이 아직 어려워요.

- **추천 대상**: 창의적이고 독창적인 프로젝트를 시도하는 디자이너나 아티스트에게 적합해요.
- **장점**: 스토리 기반 동영상 생성에 적합하고 일관성 있는 캐릭터 표현이 가능해요.
- **단점**: 해상도가 낮고, 16:9 비율만 지원해요.

3. Pika 2.0

프롬프트는 물론 **이미지 기반 프롬프트**로도 동영상을 생성할 수 있어요. 생성 속도가 비교적 빠르며, 요구하는 컴퓨터 사양이 낮아, 많은 사용자들이 활용할 수 있어요. SNS 동영상 콘텐츠 제작에 적합하고, 크리에이터 친화적인 UX/UI(웹 기반 편집 기능 포함)를 제공해요. 다만, 해상도나 프레임 일관성이 다소 부족해요.

- **추천 대상**: 다양한 비율을 활용하려는 사용자에게 적합해요.
- **장점**: 물리 엔진 업그레이드로 움직임과 상호작용이 돋보이는 영상을 만들 수 있어요.
- **단점**: 2~3초 정도의 짧은 영상만 생성할 수 있어 스토리가 있는 콘텐츠 제작에는 적합하지 않아요.

AI 동영상 생성 기술은 영상 제작의 방식을 완전히 바꿔 놓았어요. 이제 영상 제작은 더 이상 전문가만의 영역이 아니라, **누구나 쉽게 접근할 수** 있는 열린 세계가 되었어요. 여러분도 AI와 함께라면 상상했던 장면을 바로 눈앞에 펼칠 수 있어요.

다음 장에서는 실제로 Sora를 사용해 영상을 제작해 볼 거예요. 지금까지는 Sora가 '어떤 기술인지' 알아봤다면, 이제는 Sora의 기능들을 경험해 보고, 여러분의 창의력을 발휘할 차례입니다.

2장

Sora 처음 써 보기

2장에서는 Sora에 가입하고 결제까지 따라 해 볼 거예요. Sora 사이드바와 프롬프트 창 등의 기본 기능을 익힌 뒤, Sora에서 짧은 첫 영상을 만들어 보겠습니다. 더 나아가 Sora로 더 길고, 구체적인 영상도 만들어 볼 거예요.

 Sora 가입·결제하기

Sora를 사용하기 위해서는 오픈AI[OpenAI]에 계정을 생성해야 해요. 기본 계정으로는 Sora 기능을 이용할 수 없기 때문에, 유료 서비스인 플러스 플랜에 가입해야 해요. 결제 후에는 GPT-4 모델이 활성화되며, 이 모델을 기반으로 Sora를 사용할 수 있어요.

01 먼저 **https://sora.com/**에 접속합니다. Sora 홈페이지가 나타나고, Sora로 만들어진 다양한 동영상이 눈에 띕니다. 우측 상단의 'Log in' Log in 을 클릭합니다.

02 오픈AI 계정이 있다면 바로 로그인하시면 됩니다. 여러분이 자주 사용하는 구글, 마이크로소프트, 애플 계정이 있다면 간편하게 가입할 수 있습니다. 오픈AI에 가입하려면, 챗GPT 홈페이지 오른쪽 상단의 '회원 가입' 회원가입 을 클릭합니다.

03 [이메일 주소], [비밀번호]를 입력하고, [계속]을 클릭합니다.

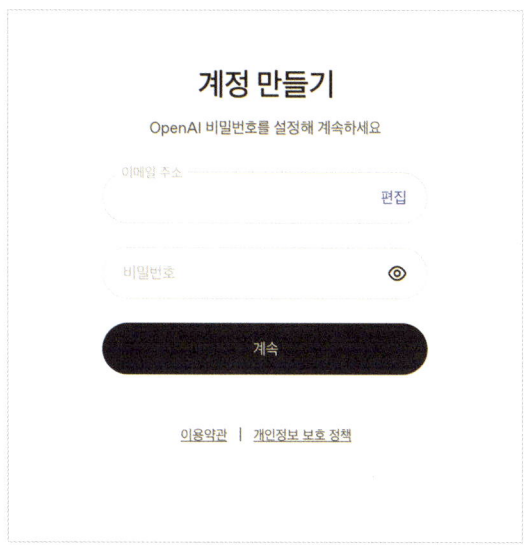

04 입력한 주소로 인증 코드가 적힌 메일이 오면 6자리 숫자 코드를 [코드] 입력란에 입력하고, [계속]을 클릭하세요.

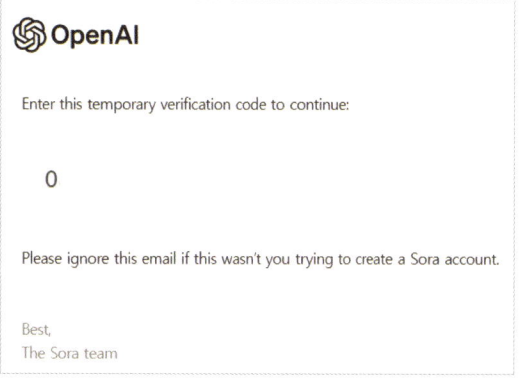

05 이제 [성명], [생일]을 입력한 후, [계속]을 클릭하세요.

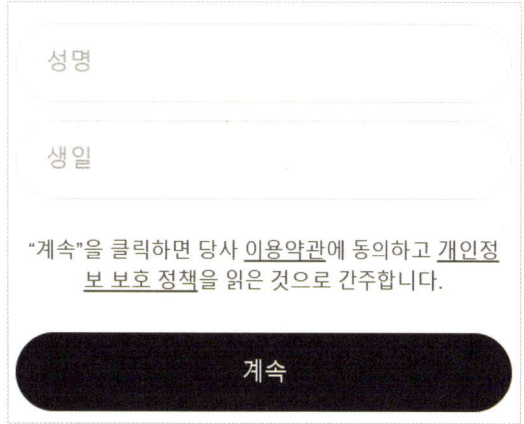

06 가입이 완료되었습니다. 가입을 완료하면 플랜을 선택하는 창이 뜹니다. 최소 **플러스 플랜을 가입해야 Sora를 사용할 수 있습니다.** 플러스 플랜을 결제해 보겠습니다. **[Get Plus]**를 클릭합니다.

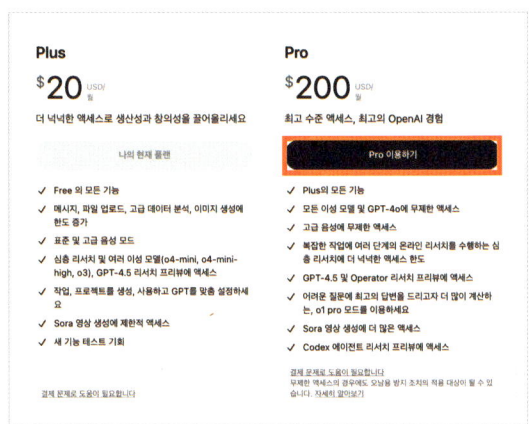

※ 2025년 5월 기준

TIP >>

❶ ChatGPT 플러스 플랜

월 20달러(부가세 포함 22달러)이며, 동영상 생성 개수 제한이 없습니다. 플러스 플랜에서 생성되는 동영상의 해상도는 480p와 720p, 길이는 5초와 10초입니다. 동영상 2개까지 동시에 생성할 수 있습니다. 동영상을 다운로드할 때 워터마크 **Watermark**가 들어갑니다.

❷ ChatGPT 프로 플랜

월 200달러(부가세 포함 220달러)이며, 동영상 생성 개수 제한이 없습니다. 플러스 플랜보다 더 빨리 동영상을 생성합니다. 해상도는 480p, 720p, 1080p이며, 길이는 5초, 10초, 15초, 20초입니다. 동영상 5개까지 동시에 생성할 수 있고, 생성된 영상을 워터마크 없이 다운로드할 수 있습니다.

07 이제 결제 수단을 입력하고 스크롤을 내려 하단의 초록색 **[구독하기]**를 클릭합니다. 구독할 경우 구독을 취소할 때까지 매달 자동으로 결제됩니다. **취소하는 방법은 153p를 참고하세요.**

TIP >>

월 20달러이지만, 부가가치세 10%가 포함되어 월 22달러가 결제되니 유의하세요.

08 'your plan' 창이 뜨면 결제한 플랜을 선택해 [Continue]를 누릅니다. 오른쪽 이미지와 같이 사용자 이름 Username을 입력하는 창이 뜹니다. [Username]에 사용자명을 세 글자 이상의 영어로 입력하고 [Next]를 누릅니다.

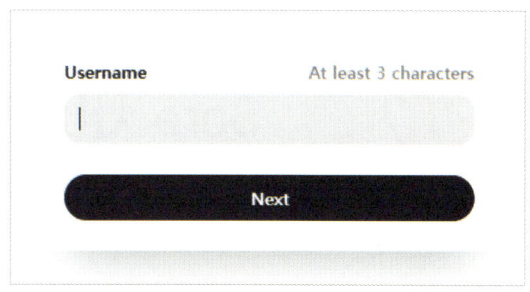

이제 프롬프트를 입력하는 창이 뜹니다. Sora 가입부터 결제까지 마쳤습니다. 이제 다음 파트에서 Sora 홈페이지의 사이드바와 Sora의 기본 기능을 익혀 볼게요.

> **TIP >>**
>
> 2025년 3월, Sora의 크레딧 시스템이 폐지되었어요. 이제는 유료 구독 사용자라면 누구나 별도의 크레딧 제한 없이 AI 동영상을 생성할 수 있어요. 다만, 여전히 해상도와 길이 제한이 있어요. 플러스 플랜에서는 최대 720p 해상도와 10초 길이의 영상을 생성할 수 있고, 프로 플랜에서는 최대 1080p 해상도와 20초 길이의 영상을 생성할 수 있어요.

2장 Sora 처음 써 보기　025

02 | Sora 사이드바 살펴보기

Sora 홈페이지에는 전 세계에서 만들어진 다양한 Sora 이미지와 영상이 올라와 있어요. 마음에 드는 이미지나 영상이 있다면, 그 콘텐츠의 프롬프트를 확인할 수도 있죠. 그리고 여러분이 제작한 영상들을 저장하고, 언제든 편집할 수 있어요. Sora의 사이드바에 익숙해진다면 누구보다 빠르게 Sora에 적응할 수 있을 거예요.

Search

사이드바 가장 상단에 있는 [Search]를 클릭하거나, Ctrl+K 키를 누르면 Sora의 이미지와 영상들을 검색할 수 있습니다. **[Search] 메뉴**에는 'Images', 'Videos', 'Top', 'Likes' 탭이 있어요. 여러분이 프롬프트를 작성할 때 레퍼런스 삼을 만한 창의력 가득한 생성형 이미지와 영상들을 [Search] 메뉴에서 찾아볼 수 있습니다.

[Search] 메뉴를 누르거나, Ctrl+K 키를 누르고 1 'bee'를 입력하면 2 'My media > bee'와 'Explore > bee'가 나타납니다.

'My media > bee'에서는 내가 만든 꿀벌 이미지 또는 동영상을, 'Explore > bee'에서는 다른 사람들이 만든 꿀벌 이미지 또는 동영상을 검색할 수 있습니다.

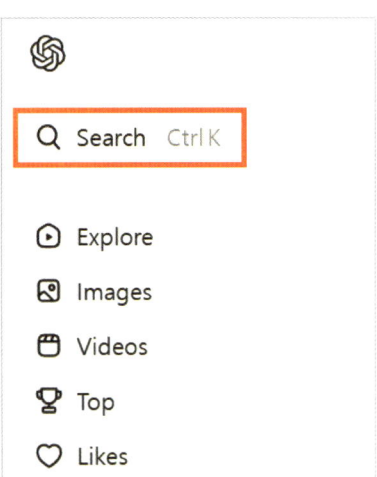

① **Images**

'**Images**' **탭**에서는 다른 사람이 만든 이미지들을 볼 수 있어요.

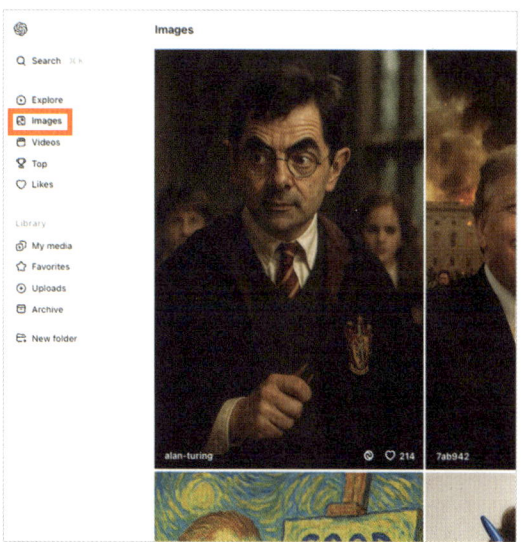

'Images' 탭에서 마음에 드는 이미지을 클릭해 보세요. '영상 편집' 창이 나오고, 다음과 같은 아이콘이 보입니다.

1️⃣ 프롬프트에 마우스를 가져다 대면 해당 이미지가 어떤 프롬프트로 생성되었는지 알 수 있어요.

2️⃣ 해당 프롬프트로 여러분이 직접 이미지 또는 동영상을 생성할 수 있어요.

3️⃣ 이미지의 요소를 교체, 제거, 재구성할 수 있어요.

4️⃣ 해당 이미지를 활용해 동영상을 만들 수 있어요. 프롬프트를 추가할 수도 있습니다.

5️⃣ ♡를 클릭하면 'Likes' 탭에서 그 이미지 또는 영상을 확인할 수 있어요. 'Like' ♡를 한 번 더 클릭하거나 ⑤를 한 번 더 누르면 'Likes' 탭에 저장되어 있던 이미지 또는 영상이 삭제됩니다.

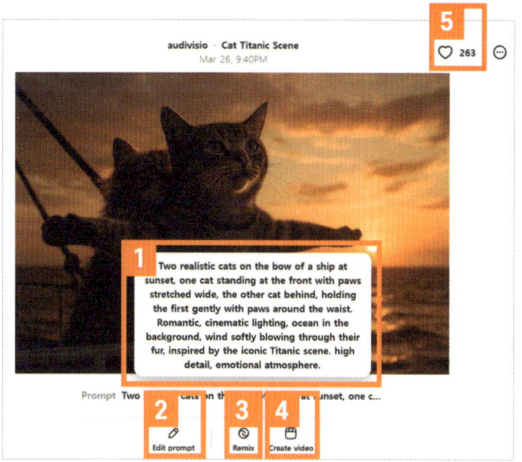

2장 Sora 처음 써 보기 027

TIP >>

[Remix]를 클릭하면 '이미지 편집' 창에서 [드래그] - [프롬프트 입력]을 활용해 이미지를 수정할 수 있어요. 고양이의 얼굴을 마우스로 [드래그]하고 프롬프트 창에 'Replace a cat with a dog(고양이를 강아지로 바꿔 줘)'라고 입력하면 다음과 같은 결과물이 생성됩니다.

② Videos

'Videos' 탭에서는 다른 사람이 만든 동영상들을 둘러볼 수 있어요. 마음에 드는 동영상이 보인다면 'Like' ♡ 를 눌러 보세요.

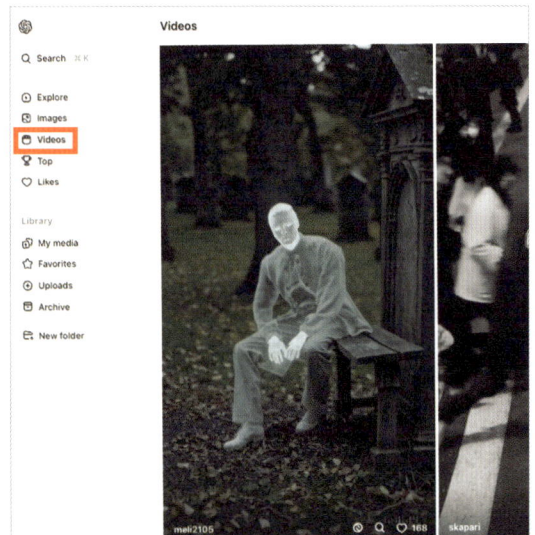

앞서 'Image' 탭에서와 같이 마음에 드는 동영상을 클릭하면, 해당 동영상의 프롬프트가 어떻게 쓰였는지 알 수 있어요.

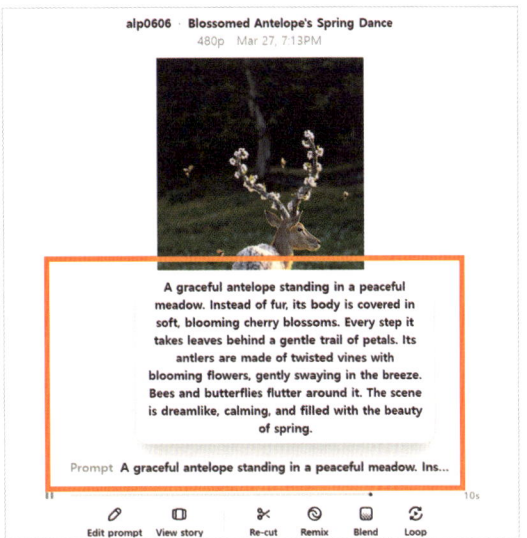

> **TIP >>**
>
> 프롬프트에 마우스를 가져다 대면 해당하는 영상 또는 이미지 프롬프트를 볼 수 있고, 클릭하면 해당 프롬프트로 영상 또는 이미지를 생성할 수 있어요. 영상 프롬프트로 이미지를 제작하는 것도 가능하고, 반대로 이미지 프롬프트로 영상을 제작하는 것도 가능합니다.

프롬프트 하단의 메뉴에서는 해당 동영상의 프롬프트를 수정하는 [Edit prompt], 스토리를 볼 수 있는 [View story]와 [Re-cut], [Remix], [Blend], [Loop] 등 다양한 편집 기능이 있습니다. 각각의 자세한 기능에 대해서는 45p 'Sora 기본 기능 익히기'에서 알아볼게요.

③ Top

'Top' 탭에서는 'Like' ♡를 많이 받은 이미지와 동영상을 볼 수 있습니다. [Day]를 클릭하면 순서대로 'Day(일)', 'Week(주)', 'Month(월)', 'All time(전체 기간)'이 나옵니다. 각 탭을 선택하면 해당 기간에 'Like' ♡를 많이 받은 순으로 이미지와 동영상을 확인할 수 있어요.

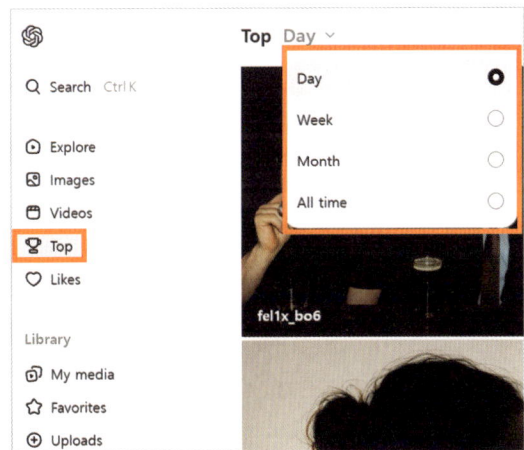

2장 Sora 처음 써 보기 **029**

오른쪽 상단의 'Filter' ▽를 클릭하면 이미지 또는 동영상만 선택해서 볼 수 있어요.

④ Likes

'Likes' 탭에서는 자신이 'Like' ♡를 클릭한 이미지나 동영상을 볼 수 있어요. 자신만의 라이브러리를 구축해서 영감을 얻거나 프롬프트를 참고해 봅시다.

Library

[Library] 메뉴에는 'My media', 'Favorites', 'Uploads', 'Trash', 'New folder' 탭이 있어요. 여기에서는 자신이 만든 동영상을 모으거나, 동영상을 폴더에 정리, 삭제할 수도 있습니다.

① My media

'My media' 탭에서 여러분이 Sora에서 만든 모든 이미지와 동영상을 볼 수 있어요.

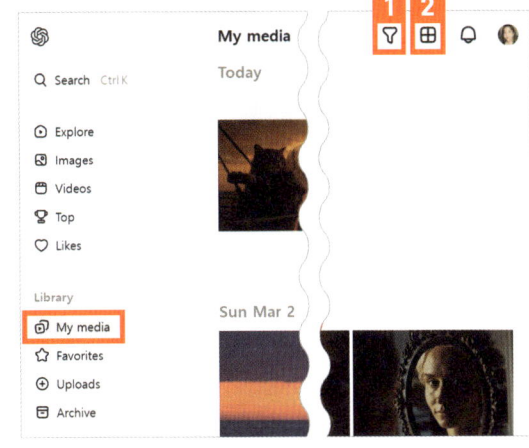

1 이미지와 동영상을 따로 볼 수 있습니다. 그 외에도 여러분이 이미지와 영상을 생성, 편집한 방식에 따라 [Prompts], [Storyboards], [Remixes], [Blends], [Loops]로 나누어 정렬할 수 있어요.

2 'My media' 탭에서 여러분이 만든 영상을 표시하는 방법을 선택할 수 있습니다. [List]를 선택하면 영상의 정보를 더 자세히 볼 수 있고, [Grid]를 선택하면 더 많은 영상을 한눈에 모아 볼 수 있어요.

'My media' 탭에서 여러분이 만든 동영상을 클릭하면 그 영상이 큰 화면으로 뜨고, 우측 상단에 아이콘이 보입니다.

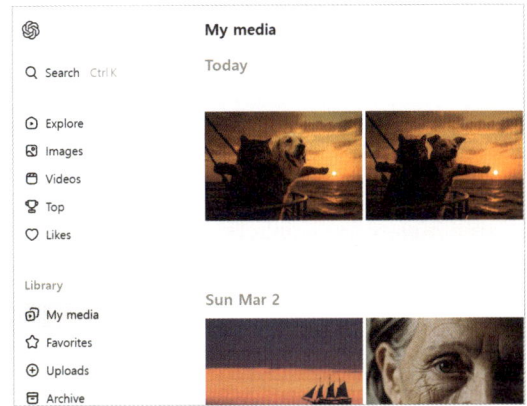

1 버튼을 누른 영상은 'Favorites' 탭에서 볼 수 있어요.

2 버튼을 누른 영상은 'Likes' 탭에서 볼 수 있어요.

3 동영상이 마음에 들지 않게 생성됐다면 버튼을 눌러 피드백을 제출할 수 있어요.

4 [Copy link]를 눌러 동영상 공유 링크를 복사하거나, [Unpublish]를 눌러 해당 영상을 비공개 처리할 수 있어요.

5 여러분이 생성한 파일을 다운로드할 수 있습니다.

6 [Add to folder]를 눌러 생성한 동영상을 폴더에 추가하거나, [Report]를 눌러 신고하고, [Trash]를 눌러 동영상을 [Trash]로 옮길 수 있습니다.

> **TIP >>**
> 워터마크가 없는 동영상은 프로 플랜 사용자만 다운로드할 수 있습니다.

② Favorites

'Favorites' 탭에서는 자신이 생성한 동영상 중 ☆을 눌러 즐겨찾기한 동영상을 볼 수 있습니다. 생성한 동영상 중 마음에 드는 동영상이나 잘 만들어진 동영상을 즐겨찾기해 봅시다.

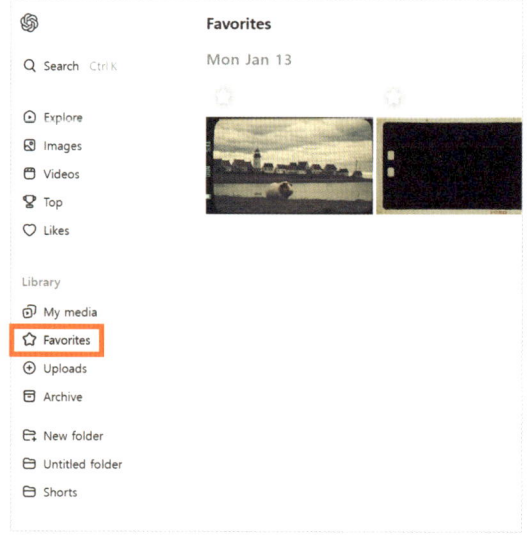

③ Uploads

'Uploads' 탭에서는 자신이 업로드한 이미지나 동영상을 볼 수 있습니다.

> **TIP >>**
> 상단의 + 를 누르면 이미지나 동영상을 업로드할 수 있어요.

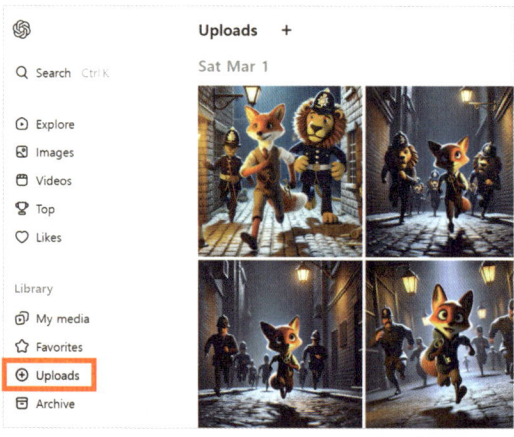

④ Trash

'Trash' 탭에서는 자신이 생성한 동영상 중 'Trash' 🗑을 눌러 삭제한 영상이나 이미지를 볼 수 있습니다.

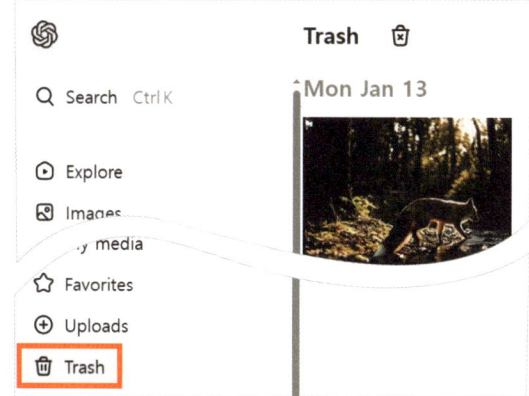

TIP >>

휴지통에 있는 이미지나 영상을 복원하고 싶다면 'Trash' 탭의 영상을 클릭하고 ⋯ - [Restore]를 누르면 됩니다. 영원히 삭제하고 싶다면 [Delete forever]를 클릭합니다.

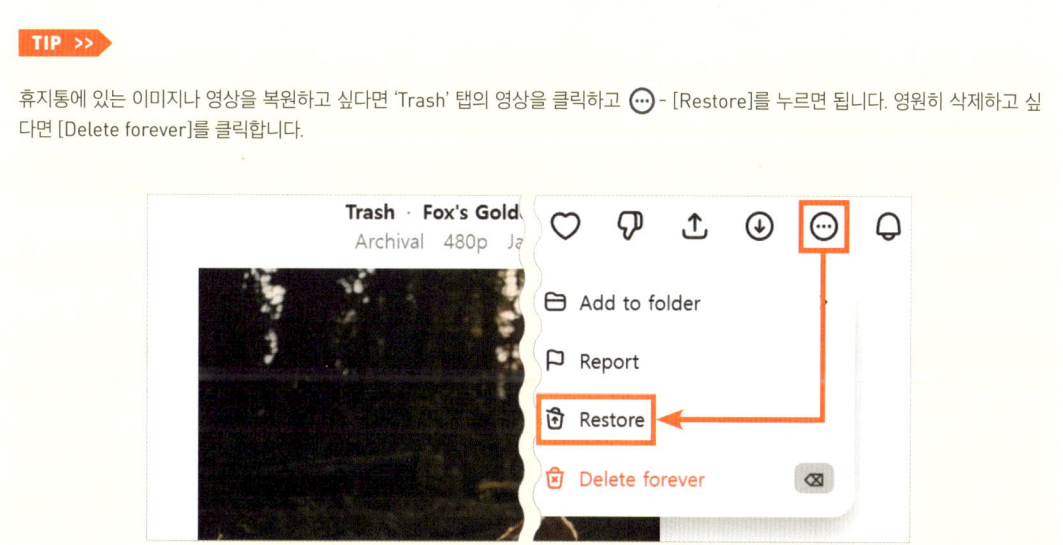

⑤ New folder

'New folder' 탭에서는 여러분이 생성한 동영상을 분류할 수 있는 폴더를 생성할 수 있습니다. 동영상에서 ⋯ - [Add to folder]를 눌러 동영상을 폴더에 정리할 수 있어요.

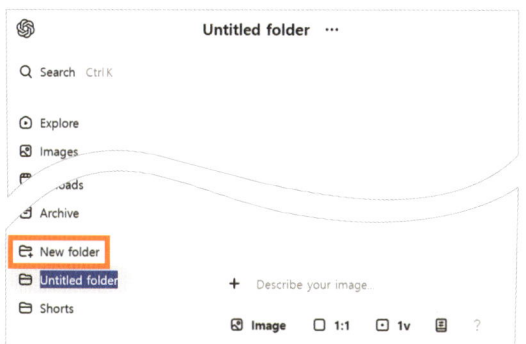

 동영상 프롬프트 창 살펴보기

사이드바를 모두 확인했으니, 이제 Sora 홈페이지 하단의 프롬프트 창을 살펴볼까요? 동영상 프롬프트 창에서는 영상 생성에 참고할 이미지를 업로드하거나, 원하는 장면을 설명하는 텍스트를 입력하여 영상을 생성할 수 있어요. 또한 해상도와 길이, 영상 분위기 같은 세부 설정도 함께 조절할 수 있답니다.

※ 2025년 5월 기준

① Add an image or video

이미지나 동영상을 기반으로 동영상을 생성할 수 있습니다. '**Choose from library**'를 눌러 기존에 업로드한 라이브러리에서 선택하거나, '**Upload from device**'를 눌러 기기에서 이미지나 동영상을 업로드할 수 있습니다.

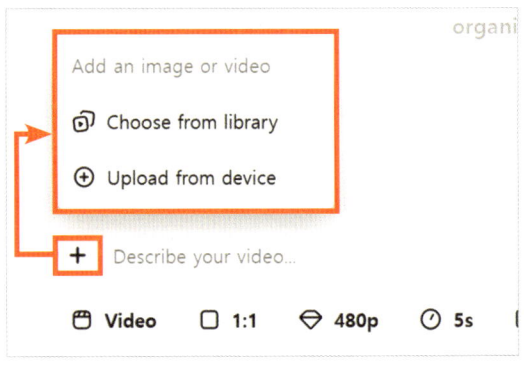

② Type

이미지와 동영상 중 생성하고자 하는 콘텐츠 형태를 지정할 수 있습니다. '**Image**'를 선택하면 동영상 프롬프트 창이 이미지 프롬프트 창으로 바뀝니다.

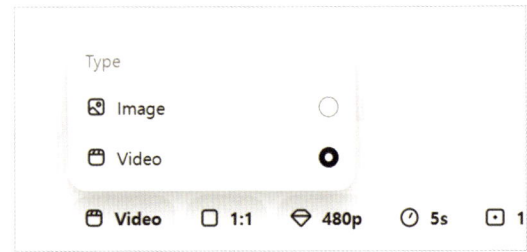

③ Aspect ratio

비율을 지정할 수 있습니다. 16:9, 3:2, 1:1, 2:3, 9:16까지 총 5가지의 화면 비율을 설정할 수 있습니다. 각각의 이미지가 가지고 있는 특징에 따라 설정해 보세요.

> **TIP >>**
>
> 3:2와 2:3 비율은 35mm 필름 카메라에서 유래되었으며, DSLR 및 미러리스 카메라에서 일반적으로 사용되는 비율이에요. 반면 16:9와 9:16 비율은 HDTV 및 디지털 영상 콘텐츠의 표준 비율로, 유튜브, 넷플릭스 등에서 널리 사용돼요. 각각의 비율은 활용 목적에 따라 장단점이 다르기 때문에, 콘텐츠의 성격에 맞게 선택하는 것이 중요해요.

> **TIP >>** 각 비율의 특징과 장단점

영상 제작 시 화면 비율은 곧 '스토리텔링의 방향'을 결정짓는 요소입니다. 어떤 플랫폼에서, 어떤 기기로 소비될지를 미리 고려하지 않으면 주요 장면이 잘리거나, 화면이 어색해져 의도한 메시지가 전달되지 않을 수 있어요. 16:9, 1:1, 9:16 세 가지 비율의 특징과 장단점을 살펴보겠습니다.

16:9 비율(와이드스크린)

유튜브, TV, 영화 등에서 가장 널리 사용되는 표준 비율로 가로형 화면에서 사용하는 영상 형식이에요.

장점	단점
• TV, 컴퓨터, 스마트폰 가로 모드에서 화면 전체를 활용 • 영화 및 방송 콘텐츠에 익숙한 비율로, 고품질 콘텐츠에 적합 • 유튜브, 스트리밍 플랫폼 등에서 가장 최적화된 비율	• 세로로 촬영된 콘텐츠에는 부적합 • 스마트폰 세로 모드에서 작게 보일 수 있음

1:1 비율(정사각형)

정사각형 비율로, 주로 인스타그램, 페이스북 등 **SNS 콘텐츠**에서 자주 보이는 형식이에요.

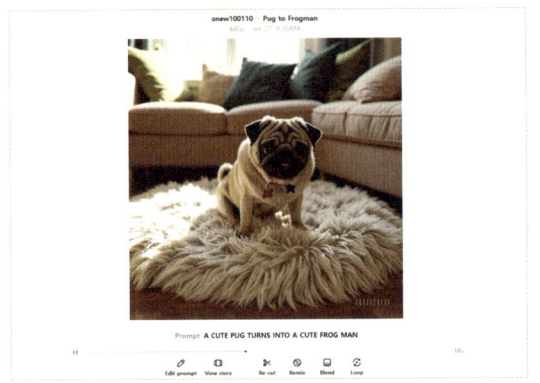

장점	단점
• 플랫폼에 상관없이 가로와 세로를 모두 활용 가능 • 화면 방향에 상관없이 비슷한 경험을 제공 • 중앙에 초점이 맞춰져 있어 광고나 간단한 메시지를 전달하는 데 효과적	• 넓은 풍경이나 액션 장면에 부적합 • 상대적으로 좁은 화각으로 인해 역동적인 연출이 어려움

9:16 비율(세로형 화면)

스마트폰 세로 모드에서 전체 화면을 채우는 형식으로, 틱톡, 인스타그램 릴스, 유튜브 쇼츠 등의 **숏폼 콘텐츠**에서 주로 사용해요.

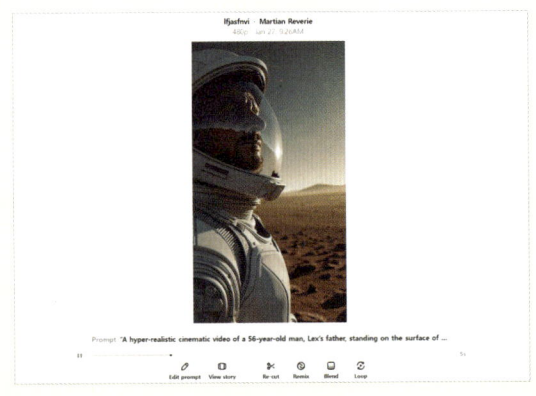

장점	단점
• 스마트폰에서 화면을 뒤집지 않아도 콘텐츠를 편리하게 시청할 수 있음 • 1인칭 시점이나 일상적인 콘텐츠에 적합 • 숏폼 콘텐츠 소비 증가와 함께 점점 대중화	• 넓은 장면이나 가로로 길게 펼쳐진 연출 어려움 • 기존 16:9 콘텐츠를 활용하기 어렵고, 세로로 촬영된 콘텐츠에만 적합

각 비율의 장단점을 이해했으니 이제 만들고자 하는 동영상에 따라 어울리는 비율을 선택할 수 있겠죠?

④ Resolution

해상도를 설정할 수 있습니다. 1080p, 720p, 480p가 있습니다. 해상도가 높을수록 생성 속도가 느립니다. 프로 플랜에서는 1080p도 선택할 수 있지만, 플러스 플랜에서는 720p, 480p 중에 선택할 수 있습니다.

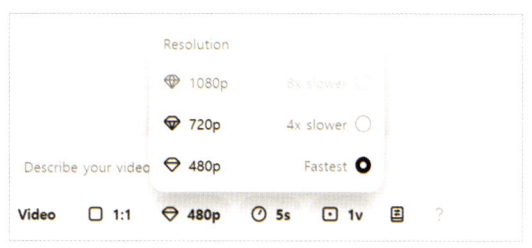

⑤ Duration

길이를 설정할 수 있습니다. 5초, 10초, 15초, 20초가 있습니다. 플러스 플랜은 5초, 10초를 선택할 수 있고, 프로 플랜은 5초, 10초, 15초, 20초를 선택할 수 있습니다. 물론 영상 길이가 길면 길수록 생성 시간도 오래 걸립니다.

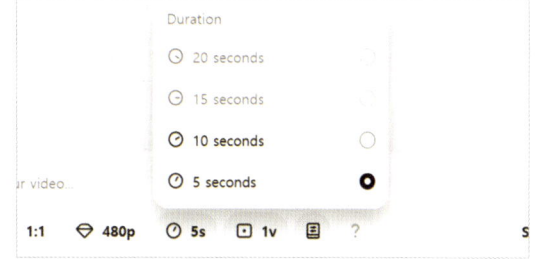

⑥ Variations

한 프롬프트를 입력했을 때 몇 가지 버전으로 동영상을 만들지 선택하는 기능입니다. 동일한 프롬프트로 여러 버전의 동영상을 만들어 주는 것이죠. 1가지, 2가지, 4가지 중에 선택할 수 있습니다.

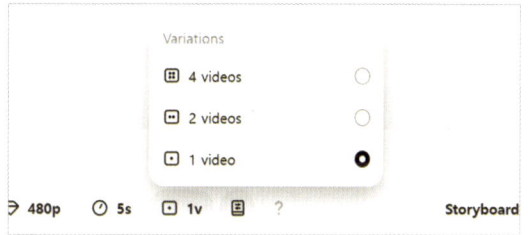

⑦ Presets

동영상의 스타일을 지정할 수 있습니다. 프리셋 메뉴 우측 상단의 'Manage'를 누르면 나만의 프리셋을 추가할 수도 있고, 기존 프리셋들의 자세한 설명을 확인할 수 있습니다. 나만의 프리셋을 추가하는 방법은 92p '챗GPT로 프리셋 만들기'에서 자세히 살펴보겠습니다.

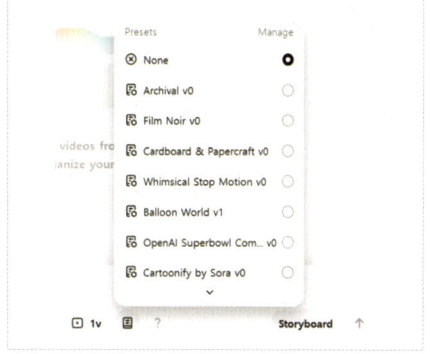

TIP >> 프리셋의 차이가 영상의 품질을 결정한다!

다음은 각 프리셋을 적용하여 'a cat walking on clouds during golden hour(해 질 녘 구름 위를 걷는 고양이)'라는 프롬프트를 입력하여 생성한 동영상들입니다.

 이미지 프롬프트 창 살펴보기

2025년 3월 26일부터 Sora에서도 이미지 생성이 가능해졌습니다. 이미지를 생성할 수 있는 이미지 프롬프트 창을 살펴보겠습니다.

※ 2025년 5월 기준

① Add images

이미지를 추가합니다. 동영상 프롬프트 창과 같이 라이브러리에서 선택하거나, 기기에서 업로드할 수 있습니다. 이미지를 추가하면 [Remix] 기능을 활용해 이미지를 수정할 수 있습니다.

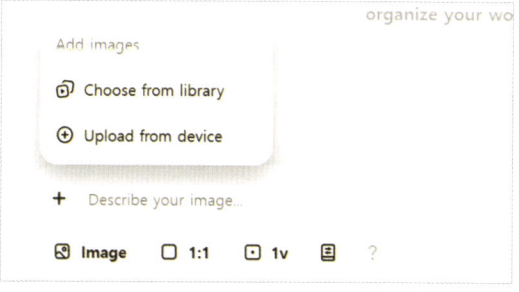

② Type

이미지와 동영상 중 생성하고자 하는 콘텐츠 형태를 지정할 수 있습니다. 이미지와 동영상 중에 선택할 수 있습니다. 'Video'를 선택하면 이미지 프롬프트 창이 동영상 프롬프트 창으로 바뀝니다.

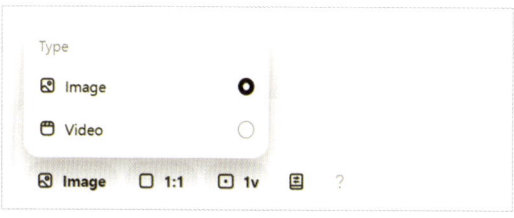

③ **Aspect ratio**

비율을 지정할 수 있습니다. 3:2, 1:1, 2:3 중에 고를 수 있습니다.

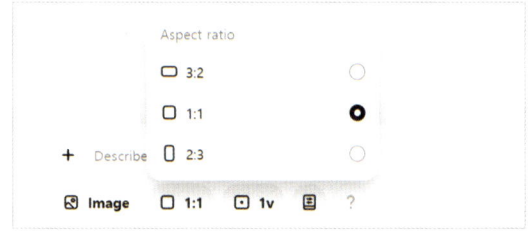

④ **Variations**

한 프롬프트를 입력했을 때 몇 가지 버전으로 이미지를 만들지 선택하는 기능입니다. 동일한 프롬프트로 1가지, 2가지, 4가지 버전의 이미지를 생성할 수 있습니다.

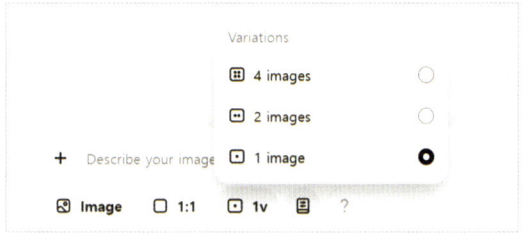

⑤ **Presets**

이미지의 스타일을 지정할 수 있습니다. 기본 설정값은 None입니다. 동영상 프롬프트 창에서와 같이 'Manage'를 선택해 나만의 프리셋을 추가하거나, 기존 프리셋들의 자세한 설명을 확인할 수 있습니다.

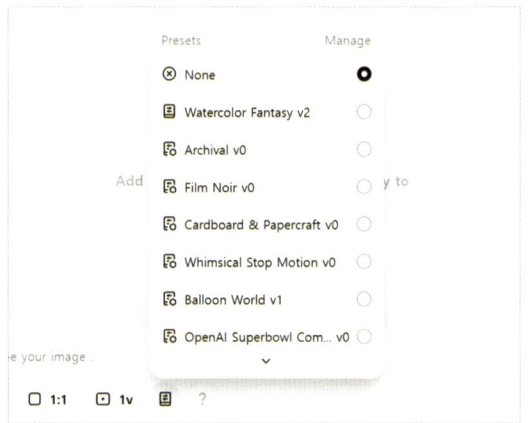

> **TIP >>**
>
> Sora의 이미지 생성 기능이 대폭 향상되었어요. 이전에는 어려웠던 이미지 내 텍스트 렌더링도 개선되어, 포스터나 인포그래픽과 같은 콘텐츠 제작이 가능해졌습니다.

 05 | 간단한 프롬프트로 영상 만들기

이제 대망의 첫 영상을 만들어 봅시다! 영상을 만드는 방법에는 프롬프트를 입력해 만드는 방법, 이미지를 업로드해 만드는 방법이 있습니다.

프롬프트를 입력해 만드는 방법

Sora에서 가장 기본적인 영상 제작 방법인 프롬프트를 입력해 영상을 만들어 보겠습니다. 영어로 번역하는 게 어렵다면 챗GPT에게 도움을 청해 보세요. 딱 3단어만 입력하면 누구나 파도가 치는 해변 동영상을 만들 수 있습니다.

+ Beach with waves

　파도가 치는 해변

01 　**1** 프롬프트 창에 'Beach with waves'를 입력하고, **2** 동영상 옵션은 비율(1:1), 해상도(480p), 길이(5초), 변형(1 video), 프리셋(None)을 선택한 후 **3** 'Create Video' ⬆를 클릭합니다.

02 　동영상 생성이 시작되면 오른쪽 상단 'Added to queue' 문구와 함께 'Activity' 🔔가 ①로 변합니다.

TIP >>
①을 누르면 생성 중인 동영상의 상태를 확인할 수 있습니다.

03 　동영상이 완성되었다는 팝업이 뜹니다.

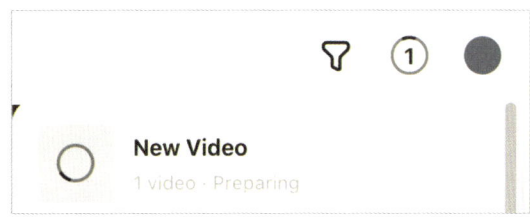

이미지를 업로드해 만드는 방법

여러분이 생성한 이미지나 가지고 있는 사진을 업로드해 새로운 동영상을 생성할 수 있습니다. 예제 이미지를 동영상을 만들어 볼까요?

An fox walking gracefully through a serene forest during the golden hour

황금 시간대에 고요한 숲속을 우아하게 걷는 여우

01 '예제1.jpeg' 파일을 다운로드하고, Sora를 엽니다. **1** 프롬프트 창에서 ✚ - [Upload from device]를 클릭합니다.

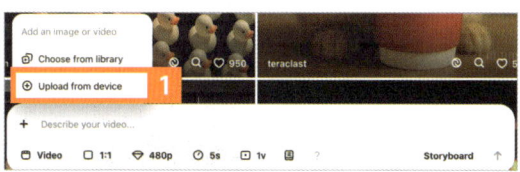

예제파일은 링크 **https://bit.ly/Sorafile1**에서 다운받으실 수 있습니다.

02 '예제1.jpeg' 파일을 첨부합니다.

03 　1 프롬프트 창에 'An fox walking gracefully through a serene forest during the golden hour'를 입력하고, 2 동영상 옵션은 비율(1:1), 해상도(480p), 길이(5초), 변형(1 video), 프리셋(None)을 선택한 후 3 'Create video' 를 클릭해 동영상을 생성합니다.

04 　입력한 프롬프트를 바탕으로 AI가 짧은 동영상을 생성해 주었어요. 영상 아래에 나오는 메뉴를 통해 다양한 후속 작업도 가능해요. [Re-Cut], [Remix], [Blend], [Loop] 기능에 대해서는 다음 파트에서 알아볼게요.

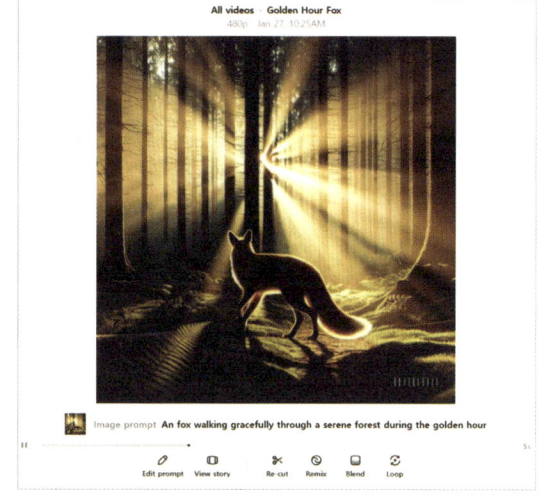

TIP >>

[Edit prompt]를 누르면 처음 입력했던 프롬프트를 다시 열어 내용을 수정할 수 있어요. 결과물이 생각보다 단조롭거나 원했던 분위기와 다르게 나왔다면, 프롬프트에 좀 더 구체적인 요소를 추가해 보세요. 인물의 감정 표현, 배경의 시간대(예: 황혼, 밤), 스타일(예: 아날로그 필름 느낌, 꿈같은 분위기) 등을 명확히 넣는 것이 좋아요. 이렇게 프롬프트를 수정하면, 보다 정확하고 원하는 분위기에 가까운 영상을 얻을 수 있답니다.

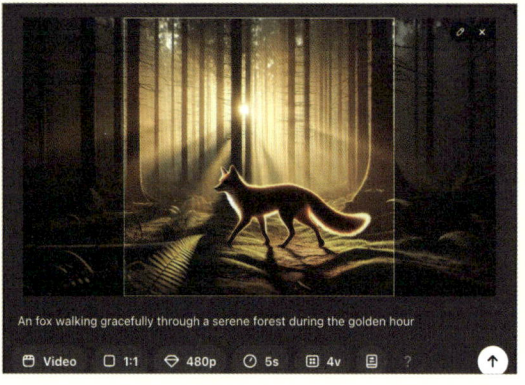

06 | Sora 기본 기능 익히기

프롬프트와 이미지를 활용해 간단한 동영상을 생성해 보았습니다. 이번 파트에서는 스토리보드^{Story-board}와 편집 기능을 활용해 간단한 동영상에서 나아가 조금 더 복잡한 영상을 만들어 볼까요?

스토리보드 살펴보기

스토리보드를 사용하면 타임라인에 걸쳐 여러 장면으로 동영상을 연출하고, 동영상에서 특정 시점에 일어나는 일을 생성할 수 있어요. '꽃이 핀 들판을 뛰어다니는 토끼'와 '토끼가 카메라를 바라보는 클로즈업 숏'을 생성해 보겠습니다. 스토리보드를 활용해 여러분이 원하는 타이밍에 카메라를 보는 토끼를 연출해 볼게요.

프롬프트 | 프롬프트1

- A wide shot of a rabbit running through a field of flowers
- A close-up shot of the rabbit looking at the camera

- 꽃이 핀 들판을 뛰어다니는 토끼
- 토끼가 카메라를 바라보는 클로즈업 숏

2장 Sora 처음 써 보기 045

01 우선 스토리보드에서 제공하는 기능부터 살펴보겠습니다. 동영상 프롬프트 창에서 [Storyboard]를 클릭하면 오른쪽과 같은 'Storyboard' 창이 나타납니다.

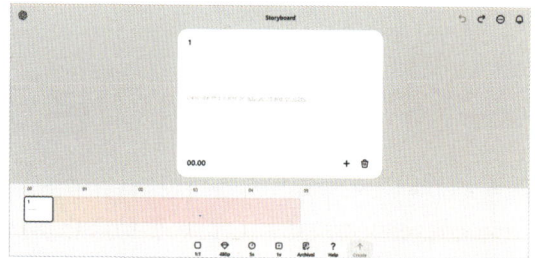

스토리보드에서는 1 프롬프트를 입력해 영상을 생성하거나, 2 'add photo or video' ➕를 눌러 이미지 또는 동영상을 업로드할 수도 있습니다.

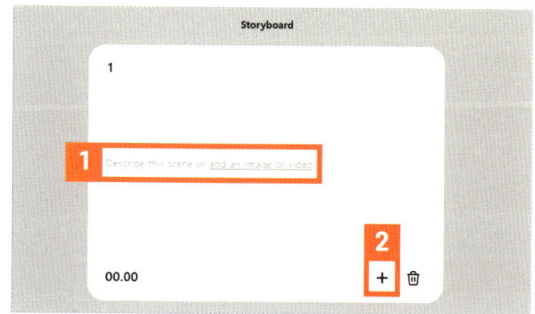

분홍색 타임라인에서 프롬프트를 입력한 카드를 [드래그]하여 스토리의 발생 시간을 설정할 수 있습니다.

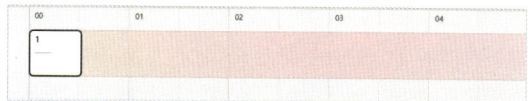

아래 메뉴에서 동영상 생성 옵션을 설정할 수 있습니다.

02 이제 스토리보드를 이용해 동영상을 생성해 보겠습니다. 1 스토리보드의 1번 카드를 [클릭 앤 드래그]하여 '00'초에 놓습니다. 2 프롬프트 창에 'A wide shot of a rabbit running through a field of flowers'를 입력합니다.

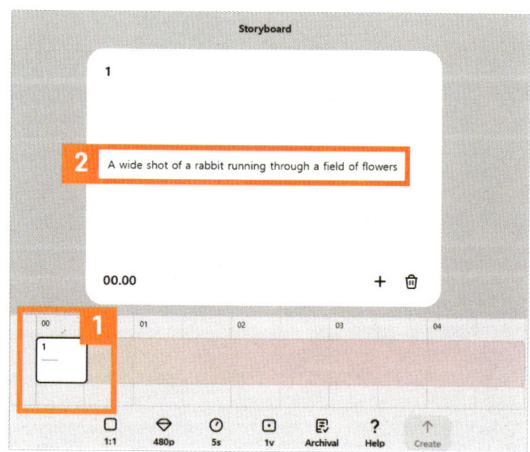

03 다음 장면을 추가해 보겠습니다. **1** 분홍색 타임라인을 클릭해 2번 카드를 만든 후, **2** 카드를 [클릭 앤 드래그]하여 '02초'에 놓습니다. **3** 'A close-up shot of the rabbit looking at the camera'를 입력합니다.

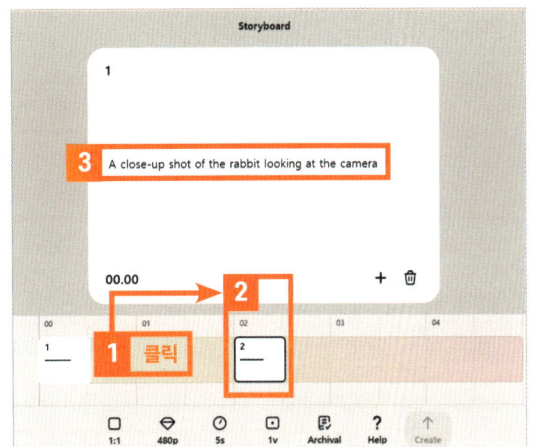

04 **1** 동영상 옵션은 비율(1:1), 해상도(480p), 길이(5초), 변형(1 video), 프리셋(None)을 선택한 후 **2** [Create]를 눌러 동영상을 생성합니다.

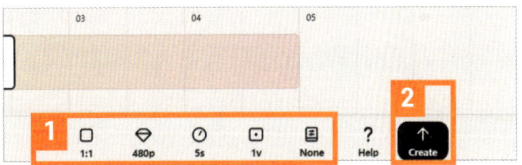

05 스토리보드로 생성한 영상은 카드를 구분하는 타임라인을 확인할 수 있습니다.

TIP >>

스토리보드에서 2장 이상의 카드를 활용할 때는 카드 사이에 간격을 주는 것이 좋습니다. 카드 사이를 너무 가깝게 구성할 경우 장면 효과 없이 영상이 이어지는 '하드컷'이 나와 영상이 부자연스럽게 보일 수 있어요. 반면 너무 멀게 구성할 경우에는 그 사이가 붕 떠 보일 수 있죠. 스토리보드에서 괜찮은 결과물을 내기 위해서는 카드 사이에 충분한 간격을 주어야 한다는 것을 잊지 마세요.

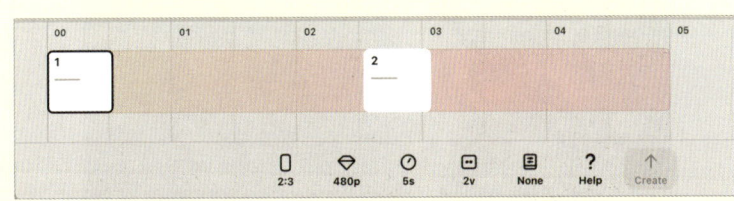

2장 Sora 처음 써 보기   047

Sora 기본 편집 기능 살펴보기

이제부터 Sora가 제공하는 다양한 편집 기능을 하나씩 자세히 살펴보겠습니다. Sora에서 사용 가능한 편집 도구는 크게 [Re-cut], [Remix], [Blend], [Loop]까지 4가지로 구성되어 있어요.

Re-cut	말 그대로 **필요 없는 부분을 잘라 내는** 기능이에요. 영상을 깔끔하게 정리하거나, 중요한 장면만 남기고 싶을 때 사용해요.
Remix	동영상의 **요소를 교체, 제거 또는 재구성**하는 기능이에요. 기존 영상에서 특정 부분만 바꿀 수 있어요.
Blend	2개의 영상을 자연스럽게 **합치는** 기능이에요. 한 영상에서 다른 영상으로 자연스럽게 전환할 수 있어요.
Loop	**끊김 없이 반복**되는 동영상을 만드는 기능이에요.

Sora의 이 4가지 기능을 알면 Sora에서 영상 편집하는 게 더 쉬워지고 재밌어질 거예요. 각 기능을 하나씩 써 보면서 원하는 스타일을 찾아볼까요?

① Re-cut

[Re-cut]은 기존 동영상의 일부를 잘라 내고, 남은 부분을 늘리는 기능입니다. 동영상의 일부 프레임은 마음에 들지 않고, 일부 프레임은 마음에 들 때 사용합니다. 이전 파트에서 스토리보드로 만든 토끼 영상을 예시로 [Re-cut]의 기본 기능을 살펴보겠습니다.

01 프롬프트 창에서 ✚ - [Choose from library]를 클릭하고, 여러분이 생성한 토끼 동영상을 클릭합니다.

02 동영상이 업로드되면 이미지 오른쪽 위 ✏ 을 클릭합니다.

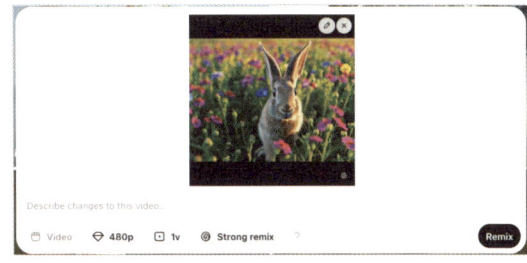

03 '영상 편집' 창에서 [Re-cut]을 클릭합니다.

04 'Edited' 창이 나타납니다. 1 타임라인 안에서 마우스를 움직이면 동영상을 세밀하게 확인할 수 있습니다. 2 타임라인 양 끝을 [드래그 앤 드롭]해 동영상을 편집할 수 있습니다.

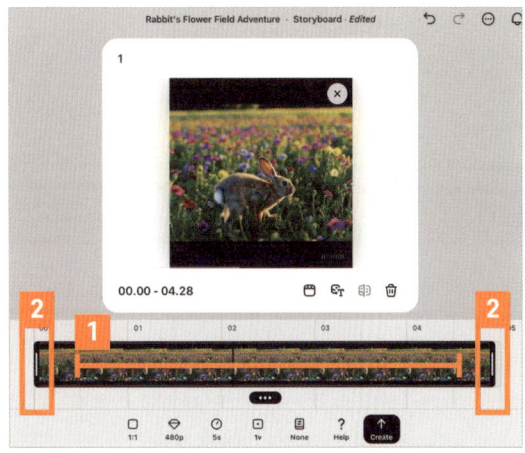

05 토끼가 뛰는 장면은 삭제하고, 토끼가 클로즈업되는 장면만 남겨 보겠습니다. **1** 타임라인 왼쪽 끝을 오른쪽으로 [클릭 앤 드래그]합니다. **2** 어색해 보이지 않는 시간대를 찾아 왼쪽 끝을 [드롭]합니다. 제가 생성한 영상은 '03'초 대네요.

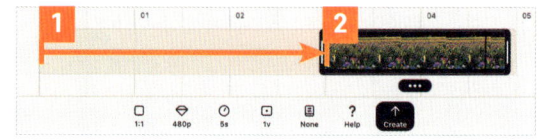

06 **1** 영상을 자른 후, 남은 영상을 '00'초로 [클릭 앤 드래그]합니다. **2** [Create]를 눌러 동영상을 생성합니다.

TIP >>

타임라인에서 수정한 사항을 되돌리고 싶다면 Ctrl + Z 를 눌러 보세요. 직전 과정으로 되돌아갑니다.

② Re-cut 더 알아보기

[Re-cut]을 활용해 기존 동영상을 수정할 수 있습니다. 동영상을 하나 생성하고, [Re-cut]으로 동영상을 다른 방향으로 수정해 보겠습니다.

\+
- grainy footage of guinea pig approach sea side town
- The Guinea Pig Meets Another Guinea Pig

- 기니피그가 바닷가 마을에 다가서는 거친 영상
- 기니피그가 다른 기니피그를 만난다

01 먼저 영상부터 만들어 보겠습니다. **1** 프롬프트 창에 프롬프트 'grainy footage of guinea pig approach sea side town'을 입력하고, **2** 동영상 옵션은 비율(1:1), 해상도(480p), 길이(5초), 변형(1 video), 프리셋(None)을 선택한 후 **3** 'Create Video' ⬆를 클릭합니다.

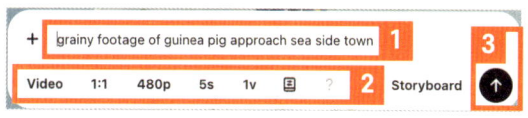

02 프롬프트 창에서 ➕ - [Choose from library]를 클릭하고, 여러분이 생성한 기니피그 동영상을 클릭합니다.

03 동영상이 업로드되면 이미지 오른쪽 위 ✏ 을 클릭합니다.

04 '영상 편집' 창에서 [Re-cut]을 클릭합니다.

> **TIP >>**
>
> Sora의 [Re-cut]은 기본적인 편집 기능뿐만 아니라 스토리보드와 결합해, 잘라 낸 부분에 새로운 이야기, 배경, 동작 등을 이어 붙일 수 있는 특별한 기능입니다.

05 'Edited' 창이 나타납니다. **1** 타임라인 바 오른쪽 끝을 [드래그]해 '02'초에 놓습니다. **2** 왼쪽에 어느 정도 간격을 두고, '03'초 ~ '04'초 사이를 클릭해 스토리보드 카드를 생성합니다.

> **TIP >>**
>
> 두 스토리보드 사이 간격이 너무 가까우면 갑자기 화면이 전환되는 등 어색한 동영상이 만들어집니다.

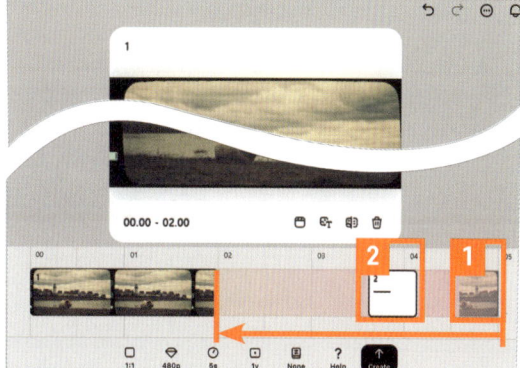

2장 Sora 처음 써 보기 051

06

1 2번 카드에 'The Guinea Pig Meets Another Guinea Pig'를 입력합니다. **2** 동영상 옵션은 비율(1:1), 해상도(480p), 길이(5초), 변형(1 video), 프리셋(None)을 선택한 후 **3** [Create]를 눌러 동영상을 생성합니다.

> **TIP >>**
>
> 5초짜리 영상에서 [Re-cut]을 활용해 마음에 드는 일부만 남겨놓고, 다시 [Create]를 눌러 보세요. Sora가 영상 일부를 분석해, 이와 연관성 높은 5초짜리 영상으로 새롭게 생성해 줘요. 이와 같이 [Re-cut]은 단순한 편집 기능 이상으로, 영상의 일관성과 디테일을 높여 주는 중요한 기능이에요.

③ Remix

[Remix]는 동영상의 요소를 교체, 제거 또는 재구성하는 기능입니다. Sora 특성상 같은 프롬프트로 생성된 영상이라도 구도나 분위기, 카메라 워킹이 다르게 나올 수 있어요. 이때 [Remix]를 활용하면 배경은 그대로 두고 인물만 교체하거나, 장면의 색감이나 조명을 바꿔볼 수 있어요. 앞에서 생성한 기니피그 영상에서 기니피그를 햄스터로 바꿔볼까요?

01 프롬프트 창에서 ✚ - [Choose from library]를 클릭하고, 여러분이 생성한 기니피그 동영상을 클릭합니다.

02 동영상이 업로드되면 이미지 오른쪽 위 🖉 을 클릭합니다.

03 '영상 편집' 창에서 [Remix]를 클릭하고, 프롬프트 창이 나타나면 'Replace a guinea pig with hamster'를 입력합니다.

04 'Remix strength'에서 Remix의 강도를 선택할 수 있습니다. [Remix Strength] - [Custom]을 클릭합니다.

[Strong]은 대폭 변경, [Mild]는 뚜렷한 변경, [Subtle]은 미세한 변경입니다.

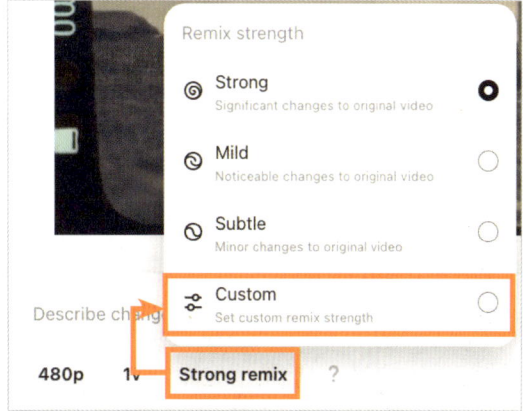

2장 Sora 처음 써 보기　053

05 [Custom]을 클릭하면 [Remix]의 강도를 1~8 사이에서 세세하게 선택할 수 있습니다. **1** [7, Strong]을 클릭합니다. **2** 동영상 옵션은 해상도(480p), 변형(1 video)을 선택하고, **3** [Remix]를 눌러 동영상을 생성합니다.

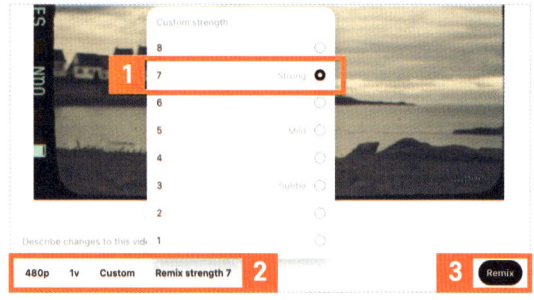

> **TIP** >>
>
> Remix 강도에 따라 동영상 사이에 큰 차이가 있으니, [Remix] 기능을 사용할 때는 적절한 강도를 선택하는 것이 매우 중요합니다.

④ Blend

[Blend]는 2개의 다른 영상을 하나의 매끄러운 영상으로 결합하는 기능입니다. 단순히 두 개의 영상을 이어 붙이는 게 아니라, 각 영상의 분위기나 흐름이 자연스럽게 연결되도록 AI가 자동으로 조율해 줘요. 예를 들어, 낮과 밤의 장면을 이어 붙이거나, 전혀 다른 스타일의 영상을 섞어서 새로운 이야기 흐름을 만들 수 있죠. 특히 영상 프롤로그나 엔딩 시퀀스를 만들 때, 또는 주제별 클립을 연결해 감정의 흐름을 줄 때 유용하게 쓸 수 있어요. [Blend]를 활용해 두 예제 영상을 결합해 보겠습니다.

예제 파일 | 예제2.mp4, 예제3.mp4

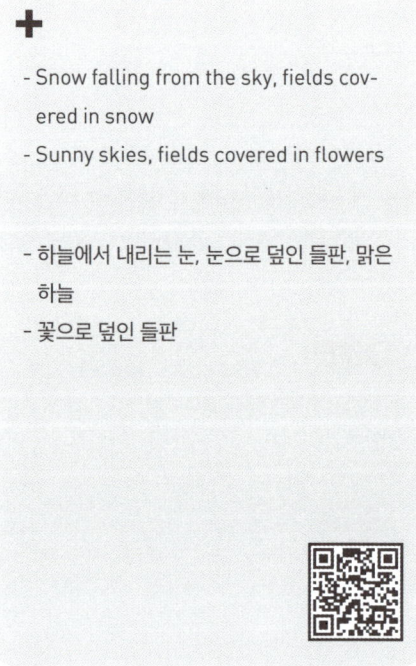

- Snow falling from the sky, fields covered in snow
- Sunny skies, fields covered in flowers

- 하늘에서 내리는 눈, 눈으로 덮인 들판, 맑은 하늘
- 꽃으로 덮인 들판

01 예제 파일 '예제2.mp4', '예제3.mp4'를 다운받습니다. 프롬프트 창에서 ➕ - [Upload from device]를 클릭하고, '예제2.mp4' 파일을 첨부합니다.

02 '예제2.mp4' 영상이 업로드되면 이미지 오른쪽 위 🖉 을 클릭합니다.

03 [Blend] - [Upload from device]를 클릭하고 '예제3.mp4' 파일을 첨부합니다.

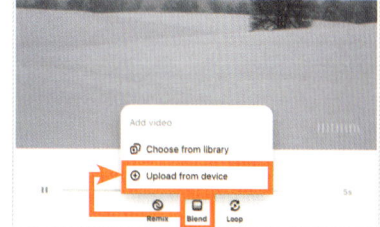

> **TIP >>** 영향력 곡선과 트림 핸들
>
> 각 동영상의 영향력은 영향력 곡선으로 표시됩니다. 곡선의 위아래에 동그란 버튼이 있는데, 이를 트림 핸들이라고 합니다. 트림 핸들로 각 영상의 길이와 영향력을 설정할 수 있습니다.
>
> 좌상단의 트림 핸들은 첫 번째 영상의 트림 핸들입니다. 이를 오른쪽으로 [드래그]하면 첫 번째 동영상의 길이가 길어지고, 아래쪽으로 [드래그]하면 첫 번째 영상의 영향력이 줄어듭니다. 우하단 트림 핸들은 두 번째 영상의 트림 핸들입니다. 이를 왼쪽으로 [드래그]하면 두 번째 동영상의 길이가 길어지고, 위쪽으로 [드래그]하면 두 번째 영상의 영향력이 줄어듭니다. 영향력 곡선이 타임라인 바를 지나는 시점에서 동영상 전환이 일어난다고 생각하면 됩니다.

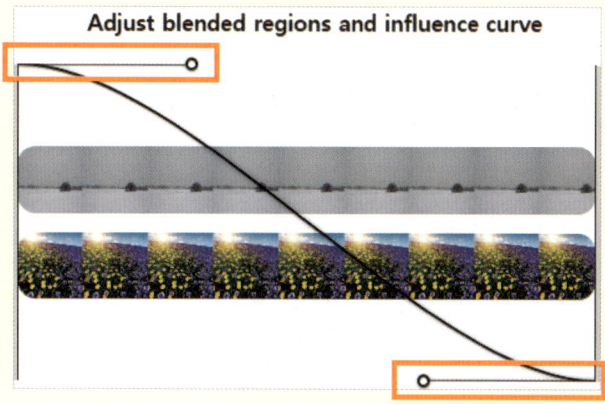

2장 Sora 처음 써 보기

04 [Transition blend]를 클릭하여 전환이 어떻게 이루어질지 선택할 수 있습니다. [Transition]은 두 클립을 부드럽게 연결하는 원활한 전환, [Sample]은 두 번째 클립의 영향이 비교적 적은 전환이고, [Mix]는 각 클립의 영향력을 줄여 두 클립을 결합합니다. [Custom]을 클릭하여 영향력 곡선의 트림 핸들을 직접 조정할 수도 있습니다.

1 [Custom blend] - [Mix]를 클릭합니다. **2** 동영상 옵션은 변형(1 video), 길이(10초)를 선택하고, **3** [Blend]를 눌러 동영상을 생성합니다.

⑤ Loop

[Loop]는 끊김 없이 반복되는 동영상을 만드는 기능입니다. 이번에는 기타 치는 곰의 루프 동영상을 만들어 볼게요.

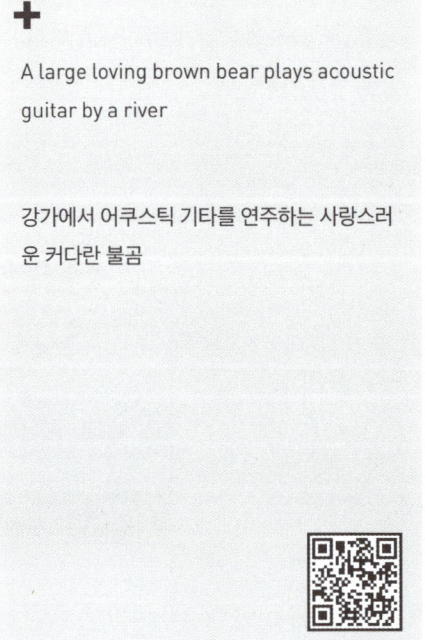

A large loving brown bear plays acoustic guitar by a river

강가에서 어쿠스틱 기타를 연주하는 사랑스러운 커다란 불곰

01 예제 파일 '예제4.mp4'를 다운받습니다. 프롬프트 창에서 ✚ - [Upload from device]를 클릭합니다. '예제4.mp4' 파일을 첨부합니다.

02 '예제4.mp4' 파일이 업로드되면 이미지 오른쪽 위 🖉 을 클릭합니다.

03 양 끝을 [드래그 앤 드롭]해 루프할 동영상을 잘라 낼 수 있습니다. 가운데 하얀 배경 부분이 반복됩니다.

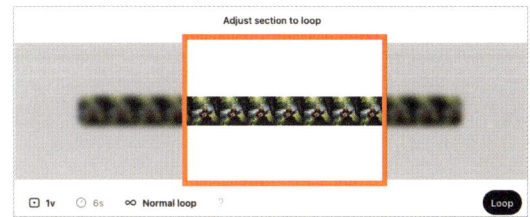

04 아래 [Loop type]을 클릭하여 루프 타입을 선택할 수 있습니다. 루프 타입을 선택하여 동영상의 끝과 시작을 연결하기 위해 생성되는 동영상의 길이를 지정합니다. [Short]는 2초, [Normal]은 4초, [Long]은 6초가 추가됩니다.

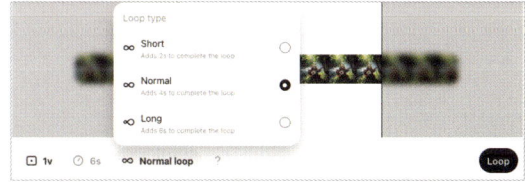

> **TIP >>**
> 동영상의 끝과 시작이 매우 다른 경우에는 [Long]을 선택하여 시간을 더 추가하는 것이 좋습니다. 그렇지 않으면 하드컷이 나타날 수 있어요.

05 이미지와 같이 영상을 자릅니다. 동영상 옵션은 변형 (1 video), [Short loop]를 선택합니다. [Loop]를 눌러 동영상을 생성합니다.

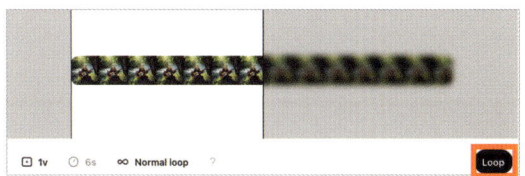

2장 Sora 처음 써 보기 057

2 Sora 프롬프트 작성하기

Sora로 원하는 결과물을 얻기 위해서는 좋은 **프롬프트**를 작성하는 기술이 중요해요. 2부에서는 프롬프트가 무엇인지, 그리고 어떻게 하면 더 멋진 결과물을 만드는 프롬프트를 작성할 수 있는지 알아봅니다.

3장
프롬프트란 무엇인가요?

3장에서는 프롬프트의 개념과 역할을 이해하고, 이를 활용해 원하는 영상을 만들어 내는 방법을 배워 봅시다. Sora에서 프롬프트는 영상 제작의 핵심입니다. 원하는 장면, 색감, 스타일 등을 효과적으로 지시하려면 프롬프트 작성의 기본 구조를 알고 있어야 해요. 이 장을 통해 프롬프트를 다루는 첫걸음을 떼고, 원하는 영상을 제작하기 위한 기초를 탄탄히 다져 봅시다.

 프롬프트의 역할과 기본 구조

프롬프트라는 단어, 처음 들었다면 조금 낯설게 느껴질 수 있어요. 그런데 여러분이 매일 사용하는 스마트폰이나 컴퓨터에서 이미 프롬프트와 비슷한 개념을 경험하고 있을지도 몰라요. 프롬프트는 간단히 말해 AI에게 '내가 원하는 것을 만들어 줘!'라고 **지시하거나 요청하는 문장**이에요.

검색창에 '초콜릿 만드는 법'이라고 입력하면 검색 엔진은 그에 맞는 정보를 찾아 주죠? 마찬가지로, 프롬프트를 작성하려면 여러분이 원하는 것을 AI에게 설명해야 해요. 예를 들어, '숲속에서 빛나는 요정을 보여 줘'라고 입력하면, AI는 이 요청을 바탕으로 멋진 장면을 만들어 주는 거죠.

프롬프트는 단순한 지시문 같아 보이지만, 사실은 AI와 사람이 대화하는 가장 중요한 도구예요. 그래서 프롬프트를 잘 작성하면 AI가 여러분의 상상력을 더 잘 이해하고, 훨씬 멋진 결과물을 만들어 낼 수 있어요. 이제 프롬프트가 왜 중요한지, 그리고 어떤 구조로 만들어야 하는지 알아볼까요?

프롬프트의 역할

AI는 사람의 말을 완벽히 이해하지 못해요. 대신 우리가 작성한 프롬프트를 바탕으로 **단어와 문장 속의 의미를 분석**해 결과물을 만듭니다. 이때 프롬프트는 우리의 상상력과 AI가 만들어 내는 결과물을 연결해 주는 **다리 같은 역할**을 해요.

예를 들어, 여러분이 '동화 같은 마을'이라는 프롬프트를 입력했다고 해 봅시다. AI는 이 문장을 분석해 '동화 같은'이라는 분위기와 '마을'이라는 주제를 기반으로 결과물을 만들어 낼 거예요. 하지만 프롬프트가 지나치게 모호하거나 짧으면 AI가 의도를 오해하거나, 우리가 원하는 결과와 다르게 만들어 낼 수도 있어요. AI는 '동화 같은 마을'이라는 하나의 프롬프트라 해도, 다음과 같이 다양한 스타일의 장면을 생성해요.

프롬프트가 구체적이고 명확할수록 AI가 우리의 의도를 더 잘 이해할 수 있어요. 프롬프트는 단순히 명령을 내리는 것이 아니라, AI와 소통하며 창작물을 함께 만들어 가는 과정이라고 볼 수 있습니다. 여러분의 창의력을 AI에게 전달하는 가장 중요한 도구인 셈이에요.

프롬프트의 기본 구조

프롬프트를 잘 작성하려면 기본적인 구조를 이해해야 해요. 프롬프트는 '주제', '세부 설명', '스타일'의 3가지 요소로 이루어져 있습니다. 조금 더 자세하게 알아볼까요?

① 주제(What: 무엇을 만들 것인가?)

주제는 여러분이 AI에게 만들어 달라고 요청하는 **핵심 아이디어**입니다. 예를 들어, '초록 숲속에서 춤추고 있는 빛나는 요정'이라는 문장을 입력했다면, 이 문장의 주제는 바로 '숲속의 요정'이에요. AI는 이 주제를 중심으로 결과물을 만들어 내요. 이때 여러분이 원하는 장면이나 이야기를 간단하고 명확하게 전달해야 해요. 즉 명확한 주제를 나타내는 프롬프트를 작성해야 AI도 구체적인 결과물을 만들 수 있다는 뜻이죠.

+ A fairy in a forest
  숲속의 요정

+ A glowing fairy dancing in a lush green forest
  초록 숲속에서 춤추고 있는 빛나는 요정

프롬프트를 작성할 때 모호한 프롬프트는 피해야 해요. 당연하게도 여러분이 원하는 영상이 있다면, 프롬프트를 더 자세하게 작성해야 하죠. '숲속의 요정'과 같이 너무 짧거나 모호한 프롬프트는 AI가 여러분의 의도를 정확히 이해하기 어려울 수 있어요.

② 세부 설명(Details: 구체적으로 어떤 모습인가?)

주제를 이해하셨나요? 하지만 주제만으로는 AI가 구체적인 결과물을 만들기 어렵습니다. 따라서 주제에 **세부 설명을 추가**해야 해요. 세부 설명에는 이미지를 구체화하는 행동, 배경, 소품 등이 있어요. 프롬프트를 '숲속'이나 '요정'과 같이 단순하게 입력하는 것이 아니라 '반짝이는 날개', '안개 낀 마법의 숲', '부드러운 빛' 등 프롬프트에 세부 설명을 추가하면 AI가 만드는 영상 품질이 더 좋아진답니다.

+ A fairy in a forest

숲속의 요정

+ A glowing fairy with shimmering wings, gracefully dancing in the air, surrounded by soft, floating lights in a misty enchanted forest

반짝이는 날개를 가진 요정이 우아하게 공중에서 춤추고 있고, 안개 낀 마법의 숲에서 부드러운 빛들이 그녀를 둘러싸고 있는 장면

세부 설명은 결과물을 만드는 데 필요한 추가적인 정보를 제공합니다. 세부 설명이 구체적일수록 결과물은 더욱 생동감 있고, 여러분이 원하는 모습에 가까워져요. '날개'보다는 '반짝이는 날개', '숲속'보다는 '안개 낀 마법의 숲'이 훨씬 구체적이니, 여러분이 원하는 영상 분위기를 AI가 더 쉽게 이해할 수 있겠죠.

③ 스타일(Style: 어떤 느낌으로 표현할 것인가?)

마지막으로 중요한 요소는 장면의 **스타일**입니다. 단순히 주제를 동영상으로 생성하는 것을 넘어, 여러분이 원하는 감성이나 느낌, 분위기를 반영할 수 있어요.

예를 들어 '부드러운 불빛에 둘러싸여 있는 장면, 몽환적인 분위기와 파스텔 색감 활용'을 입력하면 Sora는 단순히 요정을 보여 주는 데에서 끝나지 않고, 전체 장면에 환상적인 분위기를 추가할 거예요. 스타일은 여러분의 상상력을 시각적으로 실현하는 데 큰 도움을 줍니다.

+ A fairy in a forest

숲속의 요정

+ A mysterious fairy glowing softly in a magical forest, surrounded by floating lights, in a dreamlike atmosphere with pastel colors

신비롭게 빛나는 요정이 마법의 숲에서 부드러운 불빛에 둘러싸여 있는 장면, 몽환적인 분위기와 파스텔 색감 활용

두 이미지를 비교해 보면 스타일이 얼마나 큰 영향을 미치는지 알 수 있습니다. Sora는 여러분이 구상한 그대로의 영상을 만들 수 있을 만큼, 이미 충분한 능력을 갖추고 있습니다. 다만 사용자가 어떤 프롬프트를 사용하느냐에 따라 이렇게 큰 차이가 나는 것이죠.

> **TIP** >>

같은 주제라도 스타일을 다르게 요청하면 완전히 다른 분위기의 영상이 만들어집니다. '숲속의 요정'이라는 주제를 이용하여 스타일에 변주를 주니 이렇게나 다른 결과물이 나오네요.

3가지 구성요소를 이용한 영상 제작

프롬프트를 구성하는 3가지 요소에 대해 이해하셨나요? 이제 '주제^{What}' + '세부 설명^{Details}' + '스타일^{Style}', 3가지 요소를 모두 포함해 '고대 성을 수호하는 기사'를 영상으로 제작하기 위한 프롬프트를 만들어 봅시다.

프롬프트 | 프롬프트4

A medieval knight standing in front of an ancient castle, wearing golden armor, holding a large sword, while the wind gently blows through the castle banners, in a dramatic and cinematic style with warm sunset lighting and a heroic atmosphere.

고대 성 앞에서 황금 갑옷을 입고 커다란 검을 든 채 서 있는 중세 시대 기사, 바람이 부드럽게 성의 깃발을 흔든다. 따뜻한 석양빛과 영웅적인 분위기가 강조된 극적인 시네마틱 스타일

해당 프롬프트는 이전 파트에서 작상해 본 주제, 세부 설명, 스타일을 꼼꼼하게 포함하고 있는 프롬프트입니다. 한 줄 한 줄 살펴보면 다음과 같습니다. 상상하는 장면을 구체적으로 떠올리고, 그 장면을 Sora가 이해할 수 있도록 설명하는 연습을 계속해 보세요.

① 주제
- A medieval knight standing in front of an ancient castle
- 고대 성 앞에 서 있는 중세 시대 기사

② 세부 설명
- wearing golden armor, holding a large sword, while the wind gently blows through the castle banners
- 황금 갑옷을 입고 커다란 검을 든 채 서 있고, 바람이 부드럽게 성의 깃발을 흔든다.

③ 스타일
- in a dramatic and cinematic style with warm sunset lighting and a heroic atmosphere
- 따뜻한 석양빛과 영웅적인 분위기가 강조된 극적인 시네마틱 스타일

처음에는 조금 어렵게 느껴질 수도 있지만, 주제와 설명, 스타일을 중심에 두고 연습하다 보면 점점 더 자연스럽게 Sora를 활용할 수 있게 될 거예요. 한 컷 한 컷이 내가 원하는 장면으로 가까워지는 그 과정 자체가 창작의 즐거움이 될 거예요. 잘 써야 해요. 진짜 '잘' 써야만, Sora가 여러분의 상상 그 이상을 보여 줄 수 있어요.

 Top 영상 프롬프트 분석하기

프롬프트의 역할과 기본 구조를 이해했지만, 좋은 예시가 있으면 적용하기가 더 좋겠죠? 'Like' ♡를 많이 받은 Top 영상의 프롬프트를 살펴봅시다. Top 영상을 둘러보면서 여러분 마음에 드는 영상의 프롬프트를 분석해 보고, Top 영상의 프롬프트를 직접 입력해 보면 Sora가 할 수 있는 것들을 더 많이 파악할 수 있을 거예요.

장엄하고 당당한 사자의 클로즈업 영상

이 프롬프트에서 구체적인 세부 설명, 카메라 앵글, 자세한 촬영 기법, 배경 설정, 해상도를 설정한 방법을 참고해 보세요. 이미 많은 이용자들이 Sora의 품질을 끌어올리기 위해 활용하고 있는 방법입니다.

Ultra-realistic middle close-up video of a majestic lion against a totally black background. The lion gazes directly into the camera, making tiny, smooth, natural movements, looking majestic, proud, and dignified. The camera remains fixed for a stable, cinematic shot. Shot made on a highly professional camera in ultra-high resolution 8K, with a cinematic black background.

완전한 검은 배경에 장엄한 사자의 매우 사실적인 미들 클로즈업 동영상. 사자는 카메라를 정면으로 응시하고, 작고 부드럽고 자연스러운 움직임을 보이며, 장엄하고 당당하고 위엄 있는 표정을 짓습니다. 카메라는 고정되어 안정적인 시네마틱 숏을 촬영합니다. 초고해상도 8K의 전문 카메라로 촬영되었고, 배경은 시네마틱 검은색입니다.

① 구체적인 묘사

프롬프트를 구체적이면서도 명확하게 적으면 원하는 결과물을 정확하게 생성하고, 디테일한 연출이 가능해집니다.

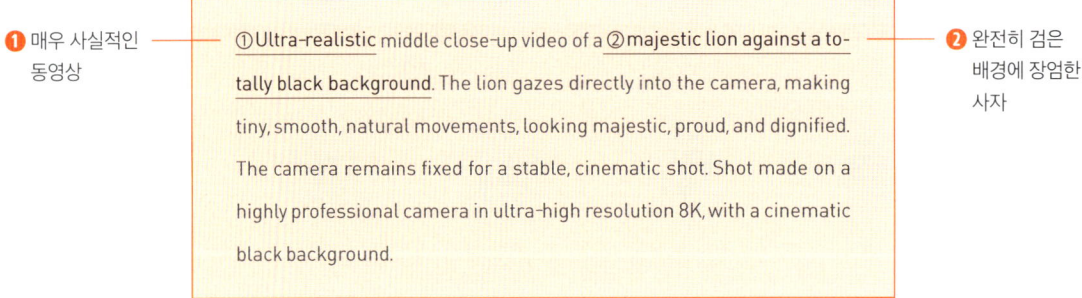

② 카메라 앵글 및 촬영 기법

카메라 시점과 움직임은 영상의 몰입도를 결정짓는 중요한 요소입니다.

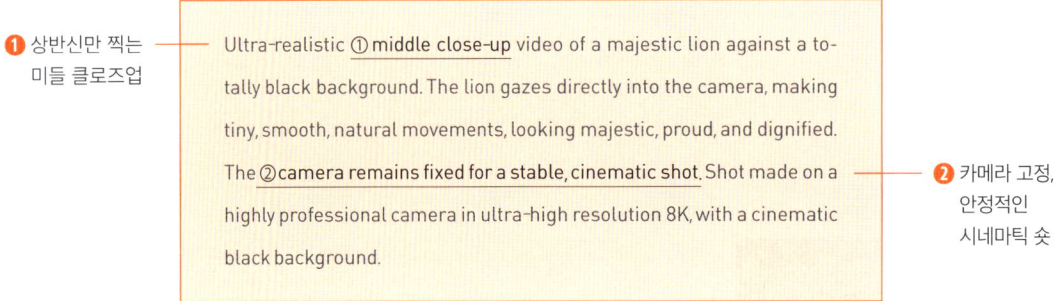

③ 배경 설정

배경을 단순하게 설정하면 피사체가 더 돋보입니다. 반대로 자연 배경이나 풍경을 설정할 경우에는 분위기나 맥락을 전달하는 데 유리할 수 있습니다.

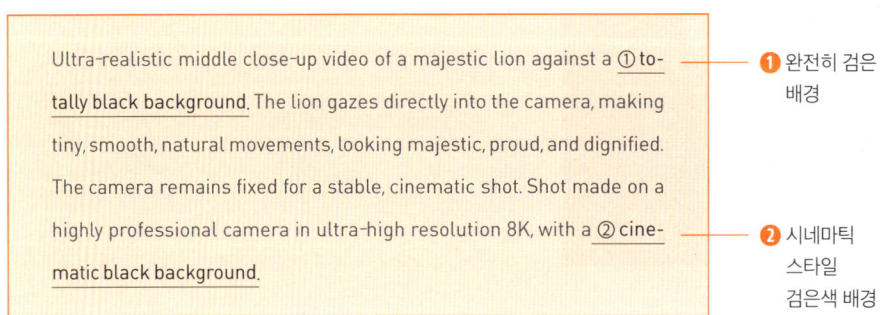

④ 피사체의 감정과 움직임

감정, 행동 등을 상세히 지정하면 캐릭터에 생동감이 더해집니다.

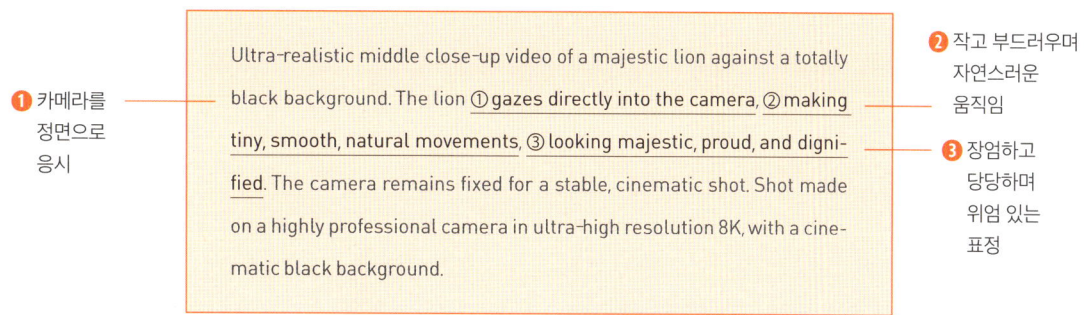

⑤ 해상도와 화질 설정

'8K, 4K, high-definition' 같은 해상도를 명시하면 결과물의 품질이 더 좋아질 수 있습니다. 하지만 생성된 동영상의 실제 해상도는 플랜에 따라 한정됩니다(플러스 플랜 720p, 프로 플랜 1080p).

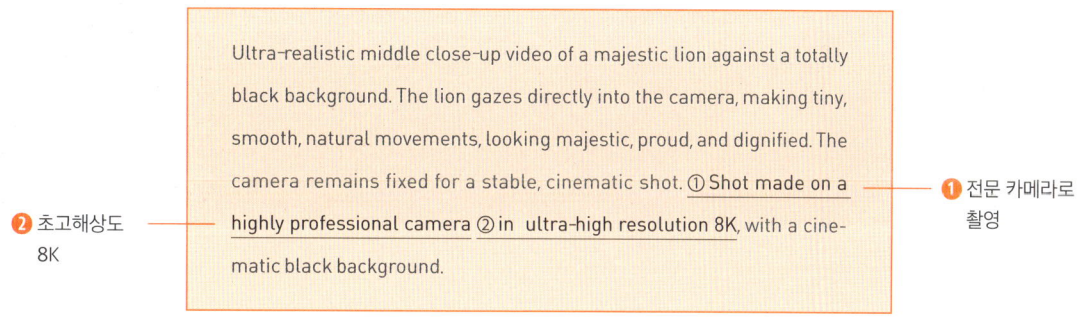

이 프롬프트는 단순히 '사자'라고만 쓰는 대신, '장엄한', '당당한', '카메라를 정면으로 응시하는' 등 피사체의 감정과 움직임, 구도, 배경, 해상도까지 세부적으로 설정해 준 뛰어난 예시입니다.

위의 프롬프트를 디테일하게 살펴보면 'ultra-realistic', 'highly professional camera', '8K' 같은 표현으로 영상의 품질을 한층 더 높이고, '완전한 검은색 배경'을 사용해 사자의 존재감을 끌어올렸어요. 거기에 정적인 카메라 움직임을 통해 보는 사람의 시선을 집중시켜, 마치 실제 다큐멘터리를 보는 듯한 몰입감을 이끌어 냈죠.

이처럼 구체적인 프롬프트는 AI가 사용자의 의도를 정확히 이해하고, 더욱 정교한 결과물을 만들어 내는 데 큰 도움이 됩니다. 어떤 단어를 선택하느냐에 따라 영상의 분위기와 완성도가 크게 달라질 수 있다는 점, 꼭 기억해 주세요.

아늑한 분위기의 모닥불 영상

앞선 영상은 단순한 배경을 활용했다면, 아래 영상은 배경을 적극적으로 활용했어요. 무엇보다 배경, 소품 등 자연의 움직임을 상세히 묘사하여 생동감을 부여하고, 감성적인 영상을 만들었네요. 특히 그래픽 작업에서 고난도 작업으로 꼽히는 '불'을 이렇게 자연스럽게 표현할 수 있다는 부분이 놀랍네요.

프롬프트 | 프롬프트6

+ A warm, cinematic shot of a secluded mountain ridge at golden hour. A crackling campfire flickers, casting an orange glow on a wool blanket draped over a wooden log. Two enamel mugs filled with steaming coffee sit on a smooth rock. Beyond them, endless pine-covered hills stretch toward a misty horizon. A gentle breeze rustles the trees, and a few golden leaves drift in the air. The atmosphere is peaceful, immersive, and cozy—perfect for a slow, introspective moment.

해 질 녘 한적한 산등성이의 따뜻한 시네마틱 숏, 모닥불이 활활 타오르며 나무 장작 위에 덮인 양모 담요에 주황빛을 드리웁니다. 김이 모락모락 나는 커피가 담긴 에나멜 머그잔 2개가 매끄러운 바위 위에 놓여 있습니다. 그 너머로 소나무 언덕이 안개가 자욱한 지평선을 향해 끝없이 펼쳐져 있습니다. 산들바람이 나무를 흔들고 황금빛 나뭇잎 몇 개가 공중에 흩날립니다. 평화롭고 몰입감이 넘치며 아늑한 분위기로 천천히 사색에 잠기기에 완벽한 순간입니다.

① 촬영 기법

프롬프트에 시네마틱 숏cinematic shot을 추가하면 더 영화 같고, 고급스러운 느낌을 줄 수 있습니다.

❶ 따뜻한 시네마틱 숏

①A warm, cinematic shot of a secluded mountain ridge at golden hour. A crackling campfire flickers, casting an orange glow on a wool blanket draped over a wooden log. Two enamel mugs filled with steaming coffee sit on a smooth rock. Beyond them, endless pine-covered hills stretch toward a misty horizon. A gentle breeze rustles the trees, and a few golden leaves drift in the air. The atmosphere is peaceful, immersive, and cozy—perfect for a slow, introspective moment.

TIP >>

이 외에도 현장감 있는 다큐멘터리 느낌을 주는 핸드헬드 숏handheld shot, 인물이나 사물을 따라가는 몰입감 있는 트래킹 숏tracking shot, 감정을 강조할 때 유용한 슬로우 줌인slow zoom-in, 대상과 함께 움직이며 시선을 유도하는 돌리 숏dolly shot, 극적인 긴장감을 연출할 수 있는 오버 더 숄더 숏over-the-shoulder shot, 인물의 고독함이나 강렬함을 표현할 때 적합한 익스트림 클로즈업 숏extreme close-up 등 다양한 촬영 기법을 활용할 수 있어요. 이러한 표현들은 단순한 장면 설명을 넘어, 영상의 리듬과 감정선을 설계하는 핵심 요소로 작용합니다. 특히 프롬프트 안에 카메라 기법을 명확히 넣어 주면, 단순한 이미지 이상의 스토리텔링이 가능한 영상 결과물을 얻을 수 있어요.

② 구체적인 장면 묘사로 몰입감 높이기

시각적 디테일이 풍부한 프롬프트로 더 정교한 영상을 생성했습니다. 에나멜 머그잔enamel mugs, 매끄러운 바위smooth rock 등 소품을 활용해 생동감을 더하고, 활활 타오르는 모닥불flickering campfire, 김이 모락모락 나는 커피steaming coffee처럼 **동적 요소**를 추가해 현실감을 높였습니다. 마지막으로 안개가 자욱한 지평선misty horizon처럼 **배경의 분위기**까지 묘사하니 영상의 분위기가 더 깊어지네요.

A warm, cinematic shot of a secluded mountain ridge at golden hour. ① A crackling campfire flickers, casting an orange glow on a wool blanket draped over a wooden log. ② Two enamel mugs filled with steaming coffee sit on a smooth rock. ③ Beyond them, endless pine-covered hills stretch toward a misty horizon. A gentle breeze rustles the trees, and a few golden leaves drift in the air. The atmosphere is peaceful, immersive, and cozy—perfect for a slow, introspective moment.

❶ 활활 타오르는 모닥불이 주황빛을 드리운다.

❷ 김이 모락모락 나는 커피가 담긴 에나멜 머그잔 2개가 매끄러운 바위 위에 놓여 있다.

❸ 그 너머로 소나무 언덕이 안개가 자욱한 지평선을 향해 끝없이 펼쳐져 있다.

③ 자연의 움직임을 추가하여 장면에 생동감 부여

정적인 장면에 자연의 움직임을 추가하면 더 리얼하고 감성적인 분위기를 연출할 수 있습니다. 흩날리는 나뭇잎 drifting leaves, 바스락거리는 나무 rustling trees와 같이 부드러운 동작을 넣어 차분하고 따뜻한 느낌을 냈습니다.

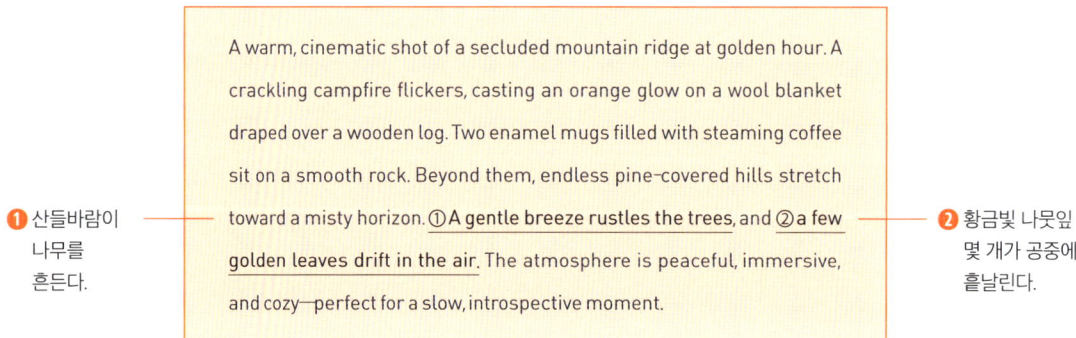

④ 감성적인 단어로 분위기 강조

영상의 감성을 강조하는 키워드를 추가하면 분위기가 더욱 명확해집니다.

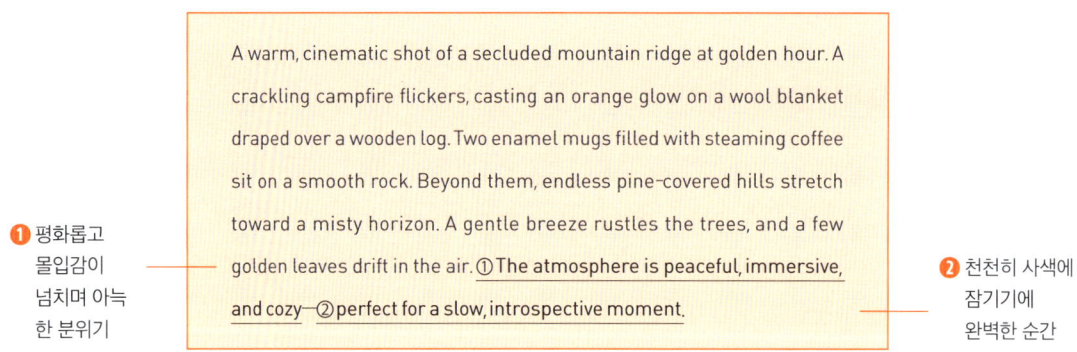

이 프롬프트는 따뜻한 색감과 세심한 자연 묘사를 통해 모닥불이라는 단순한 요소를 감성적인 장면으로 확장시킨 좋은 예시입니다. 이와 같이 프롬프트에 시간, 소리, 분위기를 나타내는 표현과, 사물의 디테일을 추가하면 영상에 생동감을 더해 사용자로 하여금 장면 속에 들어간 듯한 몰입감을 느끼게 합니다. 단순한 이미지 생성이 아닌, 순간의 감정을 포착해내는 프롬프트가 좋은 결과로 이어진다는 점을 잘 보여 주는 사례입니다.

거센 파도를 헤쳐나가는 배의 영상

클로즈업을 사용해, 몰입감을 높인 영상이에요. 바다, 비 등 자연 현상을 묘사하여 긴장감과 생동감을 표현하였습니다. 피사체인 배에 감정을 부여함으로써 분위기에 맞는 서사를 만든 점이 돋보여요.

프롬프트 | 프롬프트7

+ A close-up of a sturdy ship's hull, showing its strong, weathered metal and wooden structure, with scratches and signs of wear from countless voyages. Water crashes against the hull, droplets sliding off as the ship remains unshaken. As the camera slowly zooms out, the scene reveals a dramatic, raging storm—a vast ocean with towering waves, lightning splitting the dark sky, and fierce winds howling. The ship, though battered by the elements, holds firm, cutting through the chaos with unwavering determination. The atmosphere is intense, with deep, ominous clouds swirling above and rain lashing against the deck. The music builds in tension, emphasizing the ship's resilience and unwavering strength amidst the storm's fury.

수많은 항해로 인해 스크래치와 마모의 흔적이 있는 튼튼한 금속과 나무 구조의 선체의 클로즈업. 물방울이 선체에 부딪히며 미끄러져 떨어지고 배는 흔들리지 않습니다. 카메라가 천천히 줌아웃되면서 광활한 바다와 높은 파도, 어두운 하늘을 가르는 번개, 매서운 바람이 울부짖는 극적인 폭풍이 펼쳐집니다. 배는 거센 풍파에 시달리면서도 흔들림 없는 의지로 혼돈을 헤쳐 나갑니다. 짙고 불길한 구름이 소용돌이치고 갑판에 비가 쏟아지는 등 날씨가 거셉니다. 음악은 긴장감을 고조시키며 폭풍우 속에서도 흔들리지 않는 배의 회복력과 굳건한 힘을 강조합니다.

① 촬영 기법

클로즈업을 활용하여 배의 질감과 세월의 흔적을 강조했습니다. 이처럼 세부적인 요소를 강조하는 기법은 영상의 몰입도를 높이는 데 효과적입니다. 줌아웃 zoom-out 기법으로 처음에는 선체의 디테일을 보여 주고, 점차 시야를 넓혀 폭풍우 속에서 배가 처한 극적인 상황을 강조하는 장면 전환을 만들었습니다.

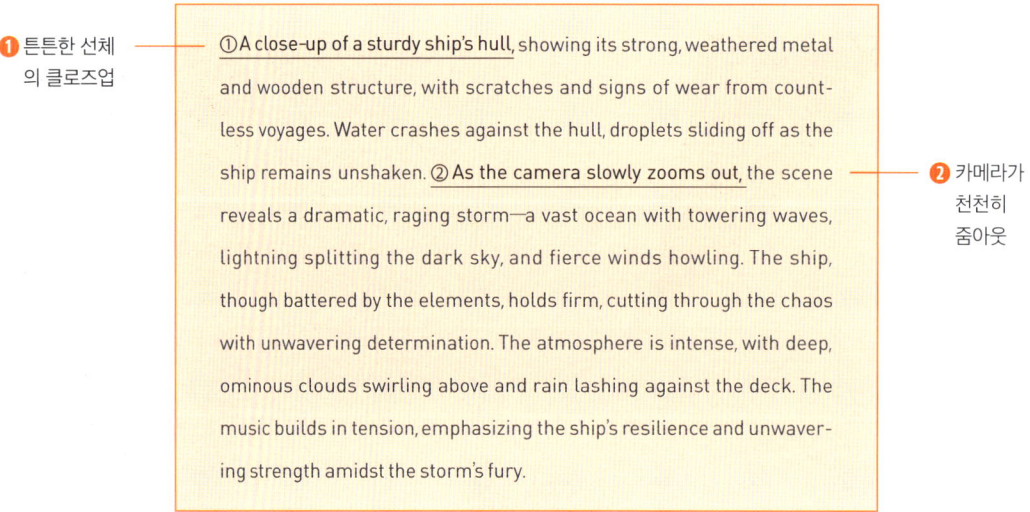

② 세부 설명으로 몰입감 높이기

배의 디테일과 강인함을 강조하기 위해 스크래치와 마모의 흔적이 있는 weathered metal, scratches and signs of wear 같은 표현을 사용했습니다. 이런 세부 설명은 장면에 사실감을 더하고, 시청자가 배의 역사와 상황을 직관적으로 이해하도록 돕습니다.

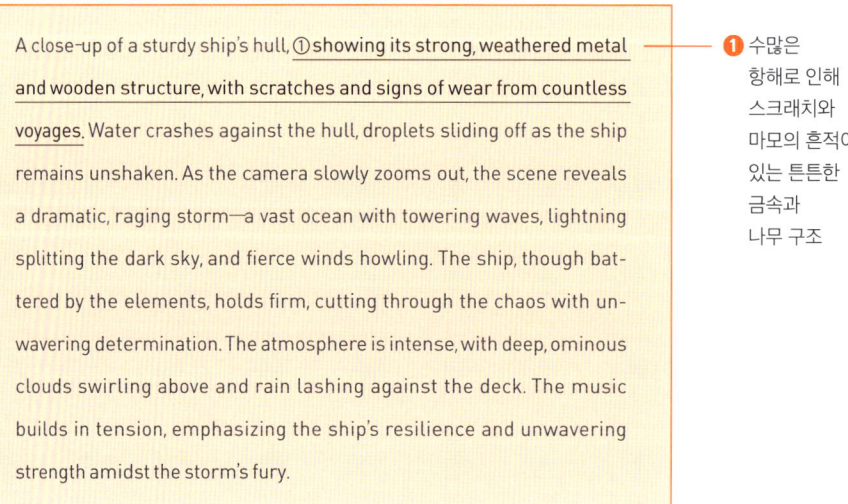

③ 자연의 움직임을 추가하여 장면에 생동감 부여

묘사를 통해 자연의 강렬한 움직임을 강조했어요. 특히 물의 움직임을 묘사하여 생성한 이미지에서 배와 자연이 상호작용하도록 표현한 것이 좋네요. 이런 동적 요소는 정적인 장면에 긴장감을 더하고, 영상에 생동감을 부여합니다. 자연의 움직임을 세밀하게 묘사하면 시각적인 효과뿐만 아니라 몰입도도 높일 수 있습니다.

> A close-up of a sturdy ship's hull, showing its strong, weathered metal and wooden structure, with scratches and signs of wear from countless voyages. ① Water crashes against the hull, droplets sliding off as the ship remains unshaken. As the camera slowly zooms out, the scene reveals ② a dramatic, raging storm—a vast ocean with towering waves, lightning splitting the dark sky, and fierce winds howling. The ship, though battered by the elements, holds firm, cutting through the chaos with unwavering determination. The atmosphere is intense, with deep, ominous clouds swirling above and rain lashing against the deck. The music builds in tension, emphasizing the ship's resilience and unwavering strength amidst the storm's fury.

❶ 물방울이 선체에 부딪히며 미끄러져 떨어지고 배는 흔들리지 않는다.

❷ 광활한 바다와 높은 파도, 어두운 하늘을 가르는 번개, 매서운 바람이 울부짖는 극적인 폭풍

TIP >>

자연의 움직임은 영상 프롬프트 작성 시 중요하게 생각해야 하는 요소입니다. 자연의 움직임을 프롬프트에 효과적으로 넣는 방법을 소개합니다.

- **구체적으로 적으세요**
  거센 파도가 바위를 때리는 장면, 비바람에 나뭇가지가 흔들리는 모습, 모래폭풍이 수평선을 휘감는 상황 등

- **시간대나 날씨와 함께 묘사하세요**
  황혼 무렵 천둥 번개가 몰아치는 해변, 새벽 안개 속을 가르는 빗줄기, 눈 내리는 밤, 가로등 불빛 아래 쌓여 가는 눈 등

- **배경과 피사체 간의 상호작용을 강조하세요**
  거센 바람에 깃발이 펄럭인다, 비가 내리자 인물이 우산을 펼친다, 바람에 날리는 머리카락을 쓸어넘기는 장면 등

④ 감정과 분위기 묘사

흔들림 없는 의지unwavering determination과 같은 표현을 사용하여 배의 강인한 정신성과 끈질긴 생존력을 강조했습니다. 이를 통해 영상에 감정을 불어넣고, 서사를 부여할 수 있습니다. 짙고 불길한 구름ominous clouds swirling, 갑판에 쏟아지는 비 rain lashing against the deck 와 같은 표현은 배의 모습과 대비되는 불길하고, 긴장감 넘치는 분위기를 형성해 영상을 더 다채롭게 만듭니다.

> A close-up of a sturdy ship's hull, showing its strong, weathered metal and wooden structure, with scratches and signs of wear from countless voyages. Water crashes against the hull, droplets sliding off as the ship remains unshaken. As the camera slowly zooms out, the scene reveals a dramatic, raging storm—a vast ocean with towering waves, lightning splitting the dark sky, and fierce winds howling. ① The ship, though battered by the elements, holds firm, cutting through the chaos with unwavering determination. ② The atmosphere is intense, with deep, ominous clouds swirling above and rain lashing against the deck. The music builds in tension, emphasizing the ship's resilience and unwavering strength amidst the storm's fury.

❶ 배는 거센 풍파에 시달리면서도 흔들림 없는 의지로 혼돈을 헤쳐나간다.

❷ 짙고 불길한 구름이 소용돌이치고 갑판에 비가 쏟아지는 등 날씨가 거세다.

그 밖에 이처럼 음악을 나타내는 프롬프트가 있습니다. 다만 Sora는 음악을 생성하지 않으므로 소리나 음악을 묘사하는 프롬프트는 필요하지 않습니다.

> A close-up of a sturdy ship's hull, showing its strong, weathered metal and wooden structure, with scratches and signs of wear from countless voyages. Water crashes against the hull, droplets sliding off as the ship remains unshaken. As the camera slowly zooms out, the scene reveals a dramatic, raging storm—a vast ocean with towering waves, lightning splitting the dark sky, and fierce winds howling. The ship, though battered by the elements, holds firm, cutting through the chaos with unwavering determination. The atmosphere is intense, with deep, ominous clouds swirling above and rain lashing against the deck. ① The music builds in tension, emphasizing the ship's resilience and unwavering strength amidst the storm's fury.

❶ 음악은 긴장감을 고조시키며 폭풍우 속에서도 흔들리지 않는 배의 회복력과 굳건한 힘을 강조한다.

Top 영상의 프롬프트를 살펴보니 피사체부터 촬영 기법, 배경, 감정, 움직임, 해상도, 소품, 동적 묘사, 배경, 자연의 움직임, 분위기, 디테일까지 정말 다양한 요소들을 확인할 수 있었습니다. 이제 좋은 동영상을 만드는 프롬프트에 필요한 요소에 어떤 게 있는지 알았는데, 영어 프롬프트가 나오니 조금 당황스럽다고요? 걱정하지 마세요. 다음 장에서는 영어가 막막한 모든 분들을 위해 챗GPT를 활용한 프롬프트 작성법을 소개해 보겠습니다. 편하게 따라오세요!

> **TIP >>**
>
> Top 영상의 프롬프트를 어떻게 활용할 수 있을까요? 우선은 여러분 마음대로 프롬프트를 수정해 보세요. 사자를 강아지, 고양이, 기린 등으로 바꾸어 보기도 하고, 배경을 더 다양하게 바꿔 볼 수도 있겠죠. 그렇게 Sora가 고품질 영상을 생성하는 조건들을 하나씩 알아 가다 보면 프롬프트 감각이 나도 모르는 사이에 성장할 거예요.

4장
챗GPT로 Sora 시작하기

Sora로 동영상을 생성할 때 프롬프트는 아주 중요합니다. 하지만 처음부터 완벽한 프롬프트를 작성하기는 쉽지 않아요. 다행히도, 챗GPT를 활용하면 더욱 효율적으로 프롬프트를 만들 수 있습니다.

4장을 통해 단순한 문장 입력을 넘어, **챗GPT의 도움을 받아 창의적이고 정교한 프롬프트를 손쉽게 작성하는 방법**을 익히게 될 것입니다. 챗GPT를 활용해 더욱 완성도 높은 영상을 만들어 보세요.

01 챗GPT로 프롬프트 작성하기

여러분은 일상에서 챗GPT를 사용하고 있나요? 챗GPT는 많은 문제를 손쉽게 해결해 주는 강력한 AI 도구입니다. 챗GPT로 Sora 프롬프트도 작성할 수 있어요. 프롬프트가 왜 중요한지도 알았고, 어떻게 써야 좋은 프롬프트인지도 알았는데, 영상 생성에 효과적인 영어로 작성하려니, 까다로울 수밖에 없죠. 이럴 때 챗GPT를 활용하면 간단한 설명만으로도 구체적이고 효과적인 프롬프트를 만들어 낼 수 있습니다.

이번에는 챗GPT를 통해 프롬프트를 작성하는 2가지 방법을 다룰 거예요. 먼저 첫 번째는 Sora 프롬프트만 전문적으로 만드는 **GPTs**를 활용해 주제를 생성하고, 이를 바탕으로 디테일한 프롬프트를 생성하는 방법이에요. 두 번째는 챗GPT에 여러분이 직접 **나만의 프롬프트 전문가 프로젝트**를 만들어 프롬프트를 생성하는 방법입니다. 어느 방법을 고르든 전보다 쉽고 효율적으로 고품질의 프롬프트를 생성할 수 있게 될 거예요.

TIP >>

프롬프트를 영어로 작성해야 한다고 해도 걱정할 필요가 없습니다. 우리에게는 챗GPT가 있으니까요! 영어가 능숙하지 않아도, 어떤 장면을 만들고 싶은지만 명확히 알고 있다면 챗GPT가 충분히 도와줄 수 있어요. 이 파트에서는 챗GPT와 대화를 나누며 직접 영어 프롬프트를 작성하고 다듬는 과정을 함께 해 볼 거예요. 진행하다 보면 영어 실력보다는 '어떤 장면을 상상하고 싶은지'가 훨씬 더 중요하다는 걸 느끼게 될 거예요.

GPTs로 프롬프트 작성하기

GPTs는 오픈AI가 제공하는 맞춤형 AI 모델 기능으로, 사용자가 특정 목적에 맞게 챗GPT의 동작을 커스터마이징할 수 있는 기능입니다. 챗GPT와 달리, GPTs를 활용하면 특정한 주제나 작업에 최적화된 AI 어시스턴트를 이용해 다양한 동영상 생성 프롬프트를 작성할 수 있어요. 여러분이 쉽게 활용하기 좋은 '**소라 프롬프트 전문가**' GPTs를 미리 만들어 두었어요. 이번 장에서 GPTs를 활용하는 방법을 익힌다면, 다른 GPTs도 더 쉽게 익힐 수 있을 거예요.

01 챗GPT에 접속합니다. 직접 **https://chatgpt.com/**를 입력해 접속할 수도 있습니다. 챗GPT의 왼쪽 상단에서 'GPT 탐색' 탭을 누릅니다.

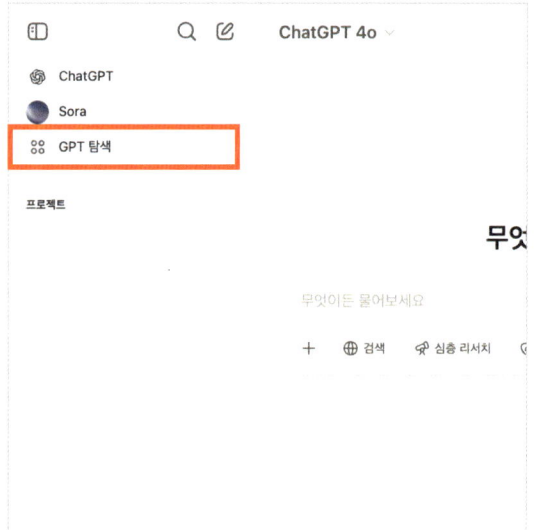

02 검색창에 '소라 프롬프트 전문가'를 입력하고, 검색창 하단에 '소라 프롬프트 전문가'가 나타나면 클릭합니다. 직접 **bit.ly/soraprompt**를 브라우저 주소창에 입력해 '소라 프롬프트 전문가' GPTs로 바로 이동할 수도 있습니다.

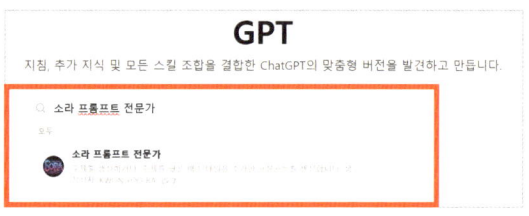

03 [채팅 시작]을 클릭합니다.

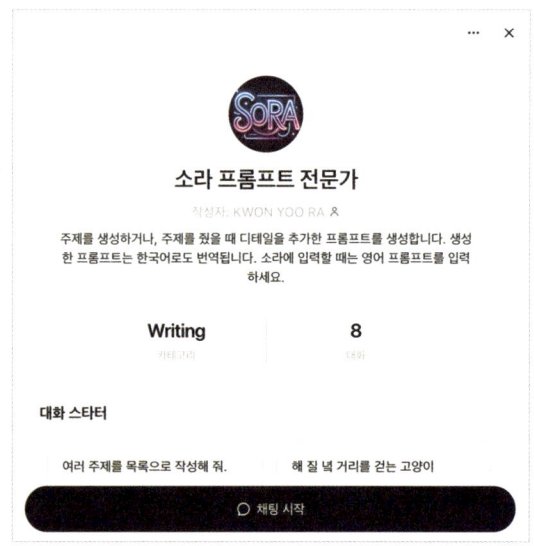

이제 GPTs를 사용할 준비가 되었습니다. '소라 프롬프트 전문가' GPTs는 다음과 같은 작업을 할 수 있습니다. 차례대로 사용해 볼까요?

- 주제 생성하기
- 디테일한 프롬프트 생성하기
- 스타일 조언
- 프롬프트 개선하기

① 주제 생성하기

Sora로 동영상을 만들고 싶은데, 주제가 떠오르지 않나요? '소라 프롬프트 전문가' GPTs에서 [여러 주제를 목록으로 작성해 줘.]를 클릭하면 자동으로 프롬프트 창에 '여러 주제를 목록으로 작성해 줘.'가 입력되고, 챗GPT가 Sora 프롬프트 주제 목록을 보여 줘요.

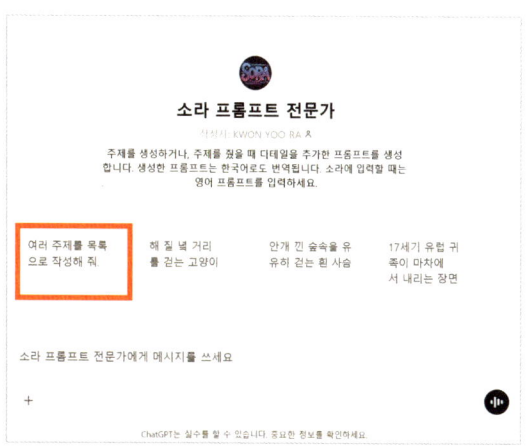

 프롬프트: 여러 주제를 목록으로 작성해 줘.

 GPT:

다음은 다양한 Sora 프롬프트 주제 목록입니다.

풍경 및 환경
1. 안개가 자욱한 신비로운 대나무 숲속을 걷는 여행자
2. 황금빛 해바라기 밭 위로 부드럽게 날아가는 나비 떼
3. 북유럽 오로라가 반짝이는 얼음 호수 위의 나무 오두막
4. 고대 유적 위로 거대한 폭포가 쏟아지는 신비로운 정글
5. 네온 불빛이 반짝이는 사이버펑크 도쿄의 뒷골목

캐릭터 및 감정 표현
6. 중세 기사 갑옷을 입고 결투를 준비하는 용감한 여성 전사
7. 외로운 기차역에서 비를 맞으며 누군가를 기다리는 남자
8. 꿈속을 떠다니는 듯한 몽환적인 표정의 소녀
9. 한밤중 무서운 숲에서 공포에 질린 채 도망치는 탐험가
10. 발레 공연 무대에서 감정을 실어 춤을 추는 무용수

판타지 및 초현실

11. 불꽃으로 둘러싸인 마법진을 펼치는 강력한 마법사
12. 거대한 날개를 펼치고 달빛 아래 서 있는 천사
13. 깊은 바닷속에서 유영하는 반인반어의 인어 전사
14. 유령이 떠다니는 폐허 속에서 비밀을 찾는 탐험가
15. 하늘을 나는 고래 떼가 구름 사이를 유유히 지나가는 장면

미래 및 SF

16. 우주복을 입고 붉은 화성 표면을 탐험하는 우주비행사
17. 거대한 로봇과 함께 황폐한 도시를 걷는 생존자
18. 홀로그램 인터페이스를 조작하는 천재 해커
19. 인공지능이 지배하는 미래 도시에서 반란을 일으키는 인간
20. 초광속 우주선을 타고 은하계를 여행하는 모험가

역사 및 문화

21. 조선 시대 한복을 입고 연못가를 거니는 궁중 여인
22. 1920년대 재즈 바에서 춤추는 우아한 커플
23. 고대 이집트 사원 앞에서 신비로운 의식을 치르는 사제
24. 중세 유럽 성벽 위에서 전투를 준비하는 병사들
25. 인도의 전통 홀리 축제에서 색색의 가루를 던지는 사람들

> **TIP >>** **챗GPT의 답변이 항상 똑같지는 않아요.**
> 챗GPT는 같은 질문을 하더라도 매번 약간씩 다른 답변을 줘요. 이 책에 수록된 프롬프트 예시와 똑같은 결과가 나오지 않았다고 해서 당황하지 마세요. 중요한 건 정답을 복사해 붙이는 것이 아니라, 내가 원하는 장면을 어떻게 표현할지를 연습하는 과정이니까요.
> 혹시 원하는 느낌이 잘 나오지 않는다면, 책에 실린 예시 프롬프트를 직접 복사해 사용해 보거나, 그 예시를 참고해 나만의 문장을 만들어 보는 것도 좋아요. 핵심은 '정확하게 쓰는 법'보다는 '원하는 장면을 그려 내는 법'을 익히는 거랍니다.

② 세부 설명을 추가한 프롬프트 생성하기

GPT가 생성해 준 주제 중에서 '북유럽 오로라가 반짝이는 얼음 호수 위의 나무 오두막' 주제가 마음에 드네요. 여러분도 GPT가 생성해 준 주제 중 마음에 드는 주제를 Ctrl+C를 눌러 복사하고, 프롬프트 창에 Ctrl+V를 눌러 프롬프트를 붙여넣기해 보세요.

북유럽 오로라가 반짝이는 얼음 호수 위의 나무 오두막

Sora 프롬프트 (영어)

A cozy wooden cabin sits on the frozen surface of a vast Nordic lake, surrounded by towering snow-covered pine trees. Above, the Northern Lights dance across the night sky in vibrant green, purple, and blue hues, reflecting beautifully on the icy lake. The warm glow from the cabin's windows contrasts with the cool, crisp air, creating a serene and magical atmosphere. The camera slowly moves forward, capturing the breathtaking landscape and the mesmerizing aurora as they shimmer in the sky. Snowflakes gently fall, adding to the peaceful winter scene.

Sora 프롬프트 (한국어)

북유럽의 광활한 얼음 호수 위에 아늑한 나무 오두막이 자리 잡고 있다. 주변에는 눈이 소복이 쌓인 거대한 소나무들이 둘러싸고 있다. 밤하늘 위로 북극광이 초록, 보라, 파란빛으로 춤추듯 빛나며, 얼어붙은 호수 표면에 아름답게 반사된다. 오두막 창문에서 새어나오는 따뜻한 불빛이 차가운 공기와 대조를 이루며 신비롭고 평온한 분위기를 자아낸다. 카메라는 천천히 앞으로 움직이며 숨막히는 풍경과 하늘을 수놓는 오로라의 신비로운 움직임을 포착한다. 부드러운 눈송이가 흩날리며 겨울의 고요한 아름다움을 더한다.

GPT가 움직임, 감정 표현, 색깔, 스타일 등을 추가해 영어 프롬프트를 생성해 주고, 프롬프트를 한국어로도 번역해 주었습니다.

③ 스타일 조언 받기

다양한 스타일의 프롬프트를 보고 싶다면, 프롬프트 창에 '다양한 스타일을 제안해 줘'를 입력해 보세요.

다양한 스타일을 제안해 줘.

1. 초현실적 (Surrealism)

A small wooden cabin floats weightlessly above a frozen Nordic lake, defying gravity. The Northern Lights swirl in mesmerizing patterns, forming celestial shapes and mystical symbols. The ice beneath the cabin reflects an alternate universe, creating a dreamlike, otherworldly atmosphere. The colors of the aurora intensify, shifting in unnatural hues of neon pink, gold, and deep turquoise, as if the sky itself is alive. The camera moves fluidly, as though drifting in a lucid dream.

작은 나무 오두막이 얼어붙은 북유럽 호수 위에서 중력을 거스르듯 떠 있다. 밤하늘을 수놓은 오로라는 신비로운 문양과 형상을 이루며 꿈결처럼 휘몰아친다. 얼음 표면에는 또 다른 차원이 비쳐 보이며, 마치 평행 세계가 존재하는 듯하다. 오로라의 색깔은 자연스러운 녹색과 보라색을 넘어 네온 핑크, 황금빛, 깊은 터쿼이즈 색으로 변화하며, 마치 하늘이 살아 숨 쉬는 듯한 느낌을 준다. 카메라는 부드럽게 흐르듯 움직이며 초현실적인 분위기를 강조한다.

2. 스튜디오 지브리 스타일 (Ghibli-Inspired Fantasy)

A warm, inviting wooden cabin sits peacefully on the icy lake, surrounded by a dense enchanted forest. The Northern Lights ripple across the sky like flowing watercolor paint, casting a soft magical glow over the snow. Inside the cabin, soft golden light flickers, and tiny glowing spirits dance around the trees. The entire scene feels hand-drawn, with rich textures and a painterly softness, evoking a cozy, nostalgic fantasy. The camera gently pans across the scene, revealing whimsical details like a small fox curled up near the cabin and glowing fireflies hovering above the ice.

따뜻하고 아늑한 나무 오두막이 얼어붙은 호수 위에 자리 잡고 있으며, 그 주변을 마법에 걸린 듯한 울창한 숲이 감싸고 있다. 밤하늘에는 오로라가 마치 수채화 물감처럼 부드럽게 퍼지며 은은한 빛을 내뿜는다. 오두막 안에서는 부드러운 황금빛 불빛이 반짝이고, 나무 주위에는 작은 빛나는 정령들이 춤을 추고 있다. 전체적인 장면은 손으로 그린 듯한 따뜻한 질감과 몽환적인 부드러움을 가지고 있으며, 마치 동화 속 한 장면처럼 포근하고 향수를 불러일으킨다. 카메라는 부드럽게 이동하며 작은 여우가 오두막 근처에서 몸을 말고 자거나, 얼음 위를 둥둥 떠다니는 반딧불이들을 포착한다.

이 외에도 **네온 사이버펑크, 스타일, 다큐멘터리 스타일, 80년대 복고 VHS 스타일, 흑백 필름 누아르 스타일, 수채화 애니메이션 스타일, 디스토피아 SF 스타일** 등 다양한 변형이 가능합니다! 어떤 스타일이 가장 마음에 드시나요? 🥰

다양한 스타일의 프롬프트를 작성해 주네요! 여러분도 프롬프트를 입력하고, 다양한 스타일을 제안받아 보세요.

④ **프롬프트 개선하기**

챗GPT는 내가 작성한 프롬프트를 개선해 주기도 합니다. 생성한 영상 속 인물의 동작이 어색하거나, 배경 중 어색한 부분이 있다면 '프롬프트를 개선해 줘:' 뒤에 내가 작성한 프롬프트를 입력해 보세요. 물론 개선을 요청할 때는 어떤 부분이 부족한지 구체적으로 요청하는게 좋겠죠?

프롬프트를 개선해 줘:
초록 숲속에서 요정이 춤추고 있어요. 그녀의 날개는 반짝이는 은빛으로 빛나고, 주변에는 부드러운 주황빛 불빛들이 천천히 떠다니고 있어요. 카메라는 요정을 중심으로 천천히 회전하며 그녀의 움직임을 따라가고, 숲은 따뜻한 색감과 은은한 안개로 감싸여 신비롭고 감동적인 분위기를 자아냅니다.

개선된 Sora 프롬프트 (영어)
In a lush emerald forest, a graceful fairy twirls in an elegant dance, her translucent silver wings shimmering with an ethereal glow. Delicate orange-hued orbs of light float gently around her, casting a warm, magical radiance on the surrounding foliage. The camera smoothly orbits around the fairy, capturing the fluidity of her movements and the sparkle of her wings. The forest is bathed in golden light, with a soft, dreamy mist weaving through the trees, enhancing the enchanting and emotional atmosphere. Leaves rustle subtly as if responding to her presence, creating a mesmerizing and otherworldly scene.

개선된 Sora 프롬프트 (한국어)
무성한 에메랄드빛 숲속에서 우아한 요정이 춤을 추며 회전한다. 그녀의 투명한 은빛 날개는 신비로운 빛을 반짝이며 부드럽게 흔들린다. 주황빛 작은 불빛들이 그녀의 주변을 천천히 떠다니며, 따뜻하고 마법 같은 광채를 숲속에 드리운다. 카메라는 요정을 중심으로 부드럽게 회전하며 그녀의 우아한 움직임과 날개의 반짝임을 세밀하게 포착한다. 숲은 황금빛 햇살에 감싸이고, 부드러운 안개가 나무 사이로 흐르며 몽환적이고 감동적인 분위기를 자아낸다. 요정의 존재에 반응하듯 나뭇잎이 살며시 흔들리며, 마치 살아있는 듯한 신비로운 장면을 만들어 낸다.

이렇게 챗GPT를 이용해 작성한 프롬프트를 Sora에 입력해 보세요. 바로 원하는 영상이 나오지 않더라도, 유지해야 하는 설정과 바꿔야 하는 설정을 챗GPT에게 설명하면 챗GPT가 거기에 맞춰 프롬프트를 다시 작성해 줄 거예요.

GPTs로 프롬프트 작성하고, 영상 만들어 보기

'소라 프롬프트 전문가' GPTs 사용법을 이해했다면, 이제 이를 이용해 쉽고 빠르게 영상을 만들어 볼 수 있습니다. 여러분이 준비해야 하는 건 오직 작은 아이디어 하나뿐입니다. 이번 예제에서는 '우주비행사'와 관련한 프롬프트를 작성해 보고, 이를 영상으로 제작해 보겠습니다. 같은 주제를 다뤄도 전혀 새로운 장면이 나올 수 있습니다. 걱정하지 마세요. 중요한 건 '정답'을 찾는 게 아니라, 나만의 장면을 상상하고 표현해 보는 과정입니다. 스스로 프롬프트를 조정해 보며 다양한 결과를 실험해 보는 것이 가장 좋은 학습입니다.

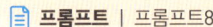

+ A highly detailed cinematic video of an astronaut exploring the surface of Mars. The astronaut, wearing a sleek, futuristic white and orange spacesuit with a reflective helmet visor, carefully steps over the rocky, reddish terrain. The landscape is vast and desolate, with towering dust-covered mountains in the distance and a hazy, golden Martian sky. The astronaut's movements are slow and deliberate due to the lower gravity, and fine Martian dust kicks up with each step. The camera follows closely, capturing the intricate details of the suit, the rough textures of the terrain, and the stunning alien atmosphere.

고도로 세밀한 시네마틱 영상, 화성 표면을 탐험하는 우주비행사. 우주비행사는 반사 헬멧 바이저가 있는 세련된 미래형 흰색과 주황색 우주복을 입고 있으며, 붉은 바위가 - 가득한 지형을 조심스럽게 걷고 있습니다. 멀리에는 거대한 먼지로 덮인 산들이 솟아 있고, 하늘은 흐릿한 금빛으로 빛나며 신비로운 분위기를 자아냅니다. 낮은 중력 때문에 우주비행사의 움직임은 느리고 신중하며, 발걸음을 내디딜 때마다 미세한 화성 먼지가 흩날립니다. 카메라는 가까이에서 우주복의 섬세한 디테일, 거친 지형의 질감, 이국적인 분위기를 생생하게 포착합니다.

01 **1** 프롬프트 창에 '우주복을 입고 화성 표면을 탐험하는 우주비행사'를 입력합니다.

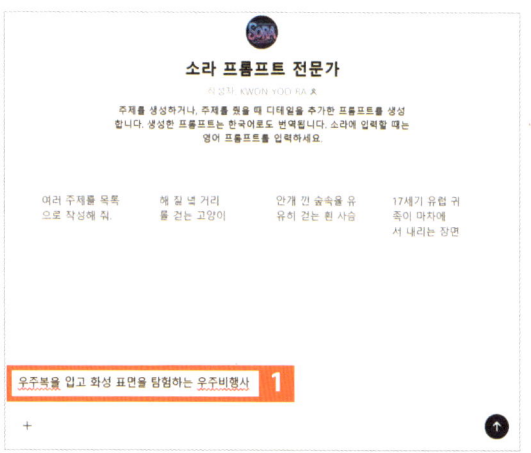

02 GPTs가 생성해 준 영어 프롬프트 부분을 [드래그]하고 Ctrl + C 를 눌러 복사합니다.

> **TIP >>**
>
> GPTs가 생성한 영어 프롬프트는 모두 다를 수밖에 없습니다. 그래도 챗GPT는 작성자의 의도를 파악하고, 비슷한 내용으로 프롬프트를 제공하니 걱정하지 마세요.

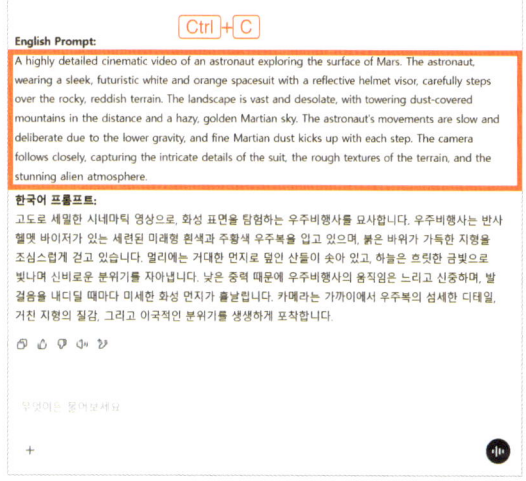

03 **1** Sora 프롬프트 창에 Ctrl + V 를 눌러 복사한 프롬프트를 붙여 넣습니다. **2** 동영상 옵션은 비율(16:9), 해상도(720p), 길이(5초), 변형(1 video)을 선택한 후, **3** 'Create Video' ↑ 를 클릭합니다.

> **TIP >>**
>
> 여러분이 생성하길 원하는 영상이 있다면, 프롬프트를 작성하실 때 더 구체적으로 작성해 보세요. 구체적이면 구체적일수록 원하는 영상에 한걸음 더 다가갈 수 있답니다.

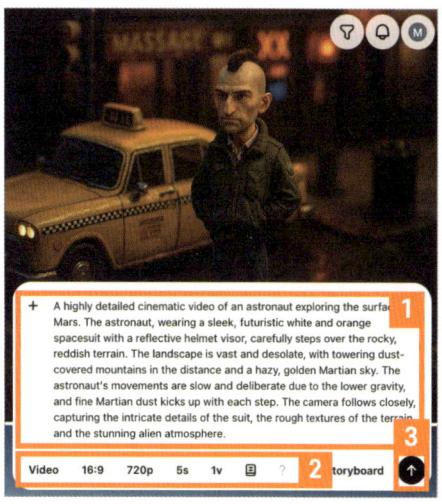

나만의 프롬프트 제작 GPTs 만들기

2024년 12월, 커스텀 GPT를 누구나 쉽게 만들고 사용할 수 있는 '프로젝트' 기능이 챗GPT에 추가되었어요. 프로젝트는 특정한 작업을 위해 챗GPT를 맞춤 설정하는 기능이에요. 프로젝트 기능을 활용해 **나만의 소라 프롬프트 전문가**를 만들어 볼까요?

01 챗GPT 사이드바에서 [새 프로젝트]를 클릭합니다.

> **TIP >>**
> '프로젝트' 기능은 챗GPT 플러스 플랜 이상을 구독한 사용자들에 한해 사용할 수 있습니다.

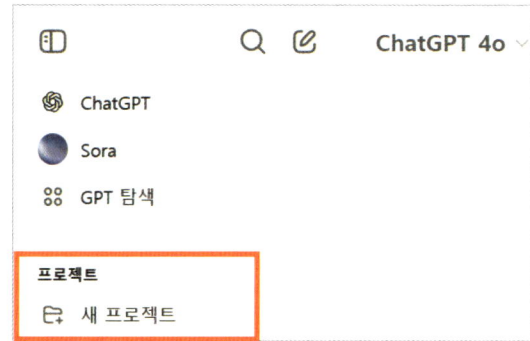

02 '프로젝트 이름' 창이 나타나면 '소라 프롬프트 전문가'라고 입력하고 [프로젝트 만들기]를 클릭하세요.

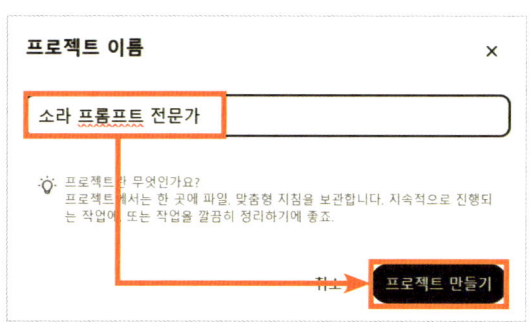

03 [지침 추가]를 클릭합니다.

> **TIP >> 지침은 무엇인가요?**
> 지침은 마치 챗GPT에게 이용자의 관심사를 미리 알려주는 설정이에요. 예를 들어, '간결하게 요약해 줘', '프롬프트를 영상용으로 작성할 거야'처럼 대화의 방향과 스타일을 지정할 수 있어요. 지침을 활용하면 매번 똑같은 정보를 입력하지 않아도 되고, 내가 원하는 방식에 더 잘 맞는 답변을 받을 수 있답니다. 특히 챗GPT를 반복적으로 사용하며, 일관성을 유지해야 하는 작업에 아주 유용해요.

04 지침에 다음과 같이 입력하고, [저장]을 누릅니다.

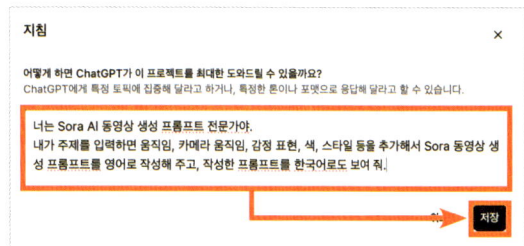

지침을 이용해 챗GPT의 말투를 설정할 수도 있습니다.

05 이제 원하는 주제를 입력하거나, 주제를 생성해 달라고 요청해 보세요. 이전 예제의 소라 프롬프트 전문가와 마찬가지로 프롬프트를 챗GPT가 만들어 준답니다.

프롬프트

우주복을 입고 화성 표면을 탐험하는 우주비행사

GPT

English Prompt:
A lone astronaut in a sleek, futuristic spacesuit explores the rugged, red terrain of Mars. The astronaut's visor reflects the warm hues of the Martian sunset as dust swirls around with each step. In the background, towering rock formations and deep canyons stretch endlessly under the vast, star-filled sky. A rover stands nearby, scanning the landscape with blinking lights, while the astronaut gestures toward a distant mountain range, as if discovering something remarkable. The scene is cinematic, with dynamic lighting and a sense of adventure and curiosity.

Korean Translation:
미래적인 디자인의 세련된 우주복을 입은 우주비행사가 황량한 붉은 화성의 표면을 탐험하고 있다. 그의 헬멧 바이저에는 화성의 석양이 따뜻한 색감으로 반사되며, 걸음을 내디딜 때마다 붉은 먼지가 부드럽게 흩날린다. 배경에는 거대한 암석 지형과 깊은 협곡이 끝없이 펼쳐지고, 밤하늘에는 별들이 반짝인다. 근처에는 탐사 로버가 깜빡이는 불빛과 함께 주변을 스캔하고 있으며, 우주비행사는 저 멀리 솟아오른 산맥을 가리키며 무언가 놀라운 것을 발견한 듯한 모습이다. 이 장면은 영화적인 연출과 역동적인 조명으로 모험과 호기심이 가득한 분위기를 자아낸다.

프로젝트 기능을 활용하는 방법의 장점은 '사용자화'에 있습니다. GPTs는 제작자의 의도에 따를 수밖에 없으나, 프로젝트를 활용하면 내가 직접 '지침'을 작성해 챗GPT에게 내가 원하는 일관된 스타일의 프롬프트를 작성하도록 지시할 수 있죠.

02 챗GPT로 프리셋 만들기

프리셋은 자주 사용하는 프롬프트 조합을 미리 저장해 두고, 반복해서 쉽게 꺼내 쓸 수 있도록 도와주는 기능입니다. 무엇보다 여러 영상들을 생성할 때, 영상들에 일관성을 유지하기 위해 필요한 기능이죠. 예를 들어 '몽환적인 숲 배경', '다큐멘터리 스타일의 동물 촬영' 같은 테마별 프롬프트를 프리셋으로 만들어 두면, 매번 처음부터 작성하지 않아도 클릭 한 번으로 바로 프리셋을 적용해, 영상들에 일관성을 유지할 수 있어요.

또한 프리셋에는 단순한 텍스트뿐만 아니라 화면 비율, 카메라 앵글, 스타일 키워드 같은 세부 요소도 함께 저장할 수 있어, 작업의 일관성을 유지하면서도 빠르게 영상 제작을 이어갈 수 있다는 장점이 있습니다. 이번 파트에서는 챗GPT와의 대화를 통해 나만의 프리셋을 만들고 저장하는 방법, 그리고 이를 실전에 어떻게 적용할 수 있는지 함께 알아볼 거예요.

프리셋 추가하기

여러분이 직접 프리셋을 만들어 적용하면 영상에 더 적합한 분위기를 만들 수 있습니다. 챗GPT에게 내가 원하는 프리셋을 요청하고, Sora에 추가해 보겠습니다.

01 우선 챗GPT 페이지의 사이드바에서 '새 채팅' 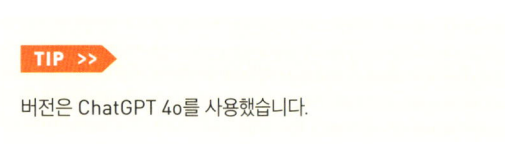 을 눌러 새 채팅을 시작합니다.

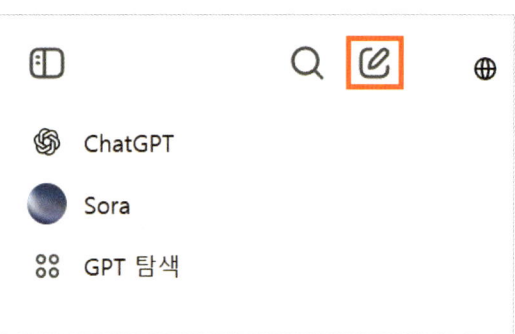

> TIP >>
> 버전은 ChatGPT 4o를 사용했습니다.

02 프롬프트 창에 '프롬프트9'를 입력합니다.

프롬프트

> Sora에는 다음과 같은 프리셋이 있어. 새로운 프리셋을 만들려고 하는데 어떤 게 좋을까?
>
> [Archival]: 명암비가 높고 피사계 심도가 얕아 영화 같고 드라마틱한 스타일로 만들어 줍니다.
> [Film Noir]: 미스터리, 서스펜스, 음울한 분위기의 고전적인 흑백 영화 스타일로 만들어 줍니다.
> [Cardboard & Papercraft]: 골판지와 종이 공예 스타일로 만들어 줍니다.
> [Whimsical Stop Motion]: 스톱 모션 스타일로 만들어 줍니다.
> [Balloon World]: 동영상의 모든 것을 풍선 모양으로 만들어 줍니다.

GPT

새로운 프리셋을 만든다면 기존의 스타일과 차별화되면서도 독창적인 시각적 경험을 제공할 수 있어야겠죠. 다음과 같은 프리셋을 고려해 볼 수 있어요.

1. Pixel Dreams
- 8비트/16비트 픽셀 아트 스타일의 영상 생성
- 복고풍 게임 분위기를 강조
- 블록 형상의 캐릭터와 배경

2. Watercolor Fantasy
- 수채화 느낌의 부드러운 질감과 번짐 효과 적용
- 밝고 감성적인 색조 활용
- 애니메이션이나 감성적인 장면에 적합

3. Cyberpunk Glitch
- 네온 색상과 디지털 글리치 효과 강조
- 블레이드 러너 같은 미래적 분위기 연출
- 고대비 및 홀로그램 느낌 추가

4. Claymation Charm
- 클레이 애니메이션 스타일의 질감 구현
- 손으로 만든 듯한 따뜻한 느낌 제공
- 몽글몽글한 동작과 현실감 있는 디테일

5. Paper Theater
- 그림자 연극 또는 종이 인형극 같은 느낌 연출
- 2D 컷아웃 애니메이션 스타일
- 빈티지한 이야기책 분위기 강화

6. Dreamlike Surrealism
- 살바도르 달리 스타일의 초현실적인 연출

- 유체적이고 왜곡된 형태 표현
- 몽환적이고 환상적인 영상 효과

이 중에서 어떤 스타일이 가장 마음에 들어요?

03 챗GPT의 추천 중 2번 Watercolor Fantasy 스타일이 마음에 드네요. 프롬프트 창에 노션 '프롬프트 정리'의 '프롬프트 10'을 입력합니다. 챗GPT가 Sora 프리셋 스타일에 맞게 영어로 프리셋을 만들어 줍니다. 챗GPT가 만든 프리셋을 `Ctrl`+`C`를 눌러 복사합니다.

프롬프트

2번 Watercolor Fantasy를 다음 예시와 같이 영어로 작성해 줘.

Theme: Cardboard & Papercraft
Color: Earthy tones like brown, beige, and muted pastels, with occasional pops of color to simulate colored paper.
Film Stock: analog film
Lighting: Soft, diffused lighting
Content Transformation: Everything in the scene—from characters to objects and scenery—should be transformed into cardboard, paper, and glue. Elements should have visible creases, folds, and textures resembling handcrafted models.

GPT

Watercolor Fantasy
- **Theme**: Hand-painted Watercolor
- **Color**: Soft, fluid washes of color with gentle gradients and organic blending. Muted pastels and warm, dreamy hues dominate the palette, creating a delicate and ethereal atmosphere.
- **Film Stock**: Traditional hand-painted animation style, mimicking classic watercolor illustrations.
- **Lighting**: Gentle and diffused, as if illuminated through layers of delicate paper, enhancing the soft and dreamy quality of the scene.
- **Content Transformation**: Everything in the scene—from characters to objects and scenery—should appear as if it has been delicately painted with watercolors. Elements should feature visible brushstrokes, color bleeds, and subtle paper textures, evoking the handcrafted feel of traditional watercolor paintings. The animation should have a fluid, slightly organic motion, resembling the way pigment spreads on damp paper, creating a mesmerizing and artistic dreamscape.

03 새로운 프리셋을 추가하겠습니다. Sora에 접속하고, 비디오 프롬프트 창의 [Preset] - [Manage]를 클릭합니다.

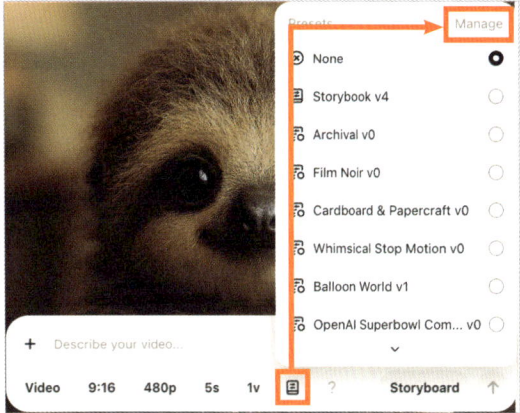

04 'Presets' 창이 나타나면 **1** [+]를 클릭합니다. **2** [Name]에 'Watercolor Fantasy'를 입력합니다. **3** [Preset]에는 Ctrl + V 를 눌러 챗GPT에서 복사한 프리셋을 붙여 넣습니다. **4** [Save]를 눌러 프리셋을 등록합니다.

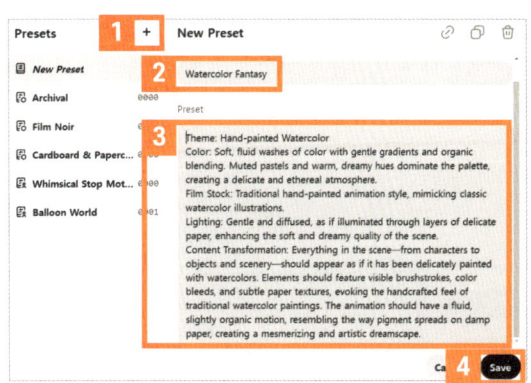

05 다시 [프리셋]을 클릭하면 **[Watercolor Fantasy]** 프리셋이 추가되어 있습니다.

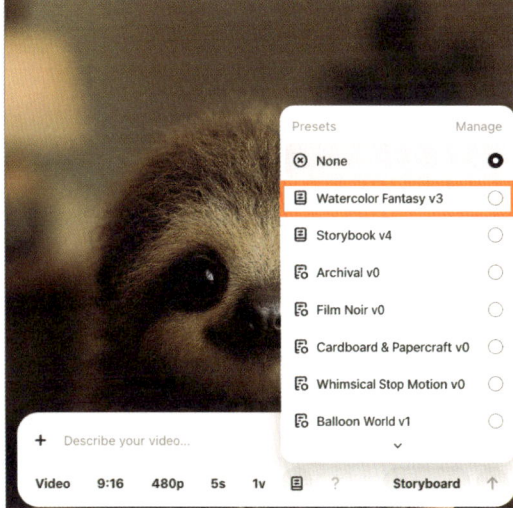

추가한 프리셋으로 영상 만들어 보기

여러분이 직접 추가한 프리셋으로 영상을 만들어 보겠습니다. 아래 프롬프트를 여러분의 프리셋으로 꾸며 보세요. 프리셋을 활용하면 영상을 생성할 때 일관성이 생기고, Sora를 더욱 깊이 있게 활용할 수 있어요.

➕ A small wooden boat drifting on the calm ocean during golden hour. The warm, golden sunlight reflects off the gentle ripples of the water, creating a mesmerizing shimmer. The boat, slightly weathered but full of character, rocks softly with the motion of the waves.

해 질 녘 고요한 바다 위를 표류하는 작은 나무배. 따뜻한 황금빛 태양이 잔잔한 물결 위로 반사되며 황홀한 반짝임을 만들어 냅니다. 약간 낡았지만 멋스러운 배는 파도의 부드러운 움직임에 따라 천천히 흔들립니다.

01 　1 프롬프트 창에 노션 '프롬프트 정리'의 '프롬프트 11'을 복사해서 붙여 넣습니다. 2 비율(16:9), 해상도(720p), 길이(5초), 변형(1 video)을 선택합니다.

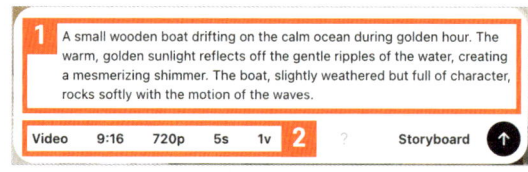

02 [Preset]을 클릭하고 새로 만든 'Watercolor Fantasy' 프리셋을 클릭합니다. 'Create Video' ⬆를 클릭합니다.

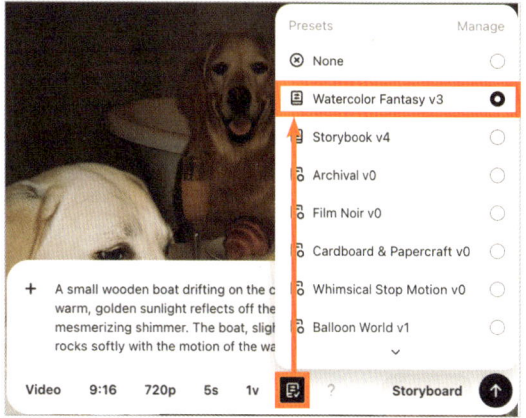

03 입력한 프롬프트를 바탕으로 AI가 짧은 동영상을 생성해 주었어요. 위의 프리셋을 이용하니 마치 수채화 그림책 속 한 장면을 보는 듯한 영상이 나왔어요. 이제 이 프리셋을 이용하면, 어떠한 프롬프트라도 비슷한 스타일로 영상을 제작할 수 있습니다.

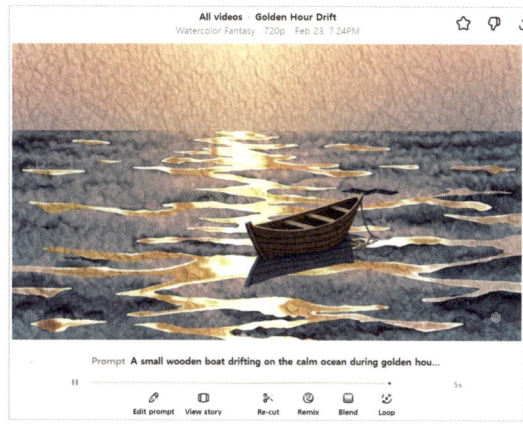

3 실전 영상, 제작부터 편집까지

Sora로 생성한 동영상을 어떻게 활용할지 고민인가요? 애니메이션, 유튜브 쇼츠, 단편 영화, 광고 등 활용할 분야는 무궁무진합니다! 3부에서는 챗GPT로 기획하고, Sora로 제작하고, Vrew로 편집하는 일련의 과정을 통해 짧은 영상을 만들어 보겠습니다.

5장
애니메이션 만들기

5장에서는 챗GPT를 활용해 주제 선정부터 대본 생성, 프롬프트 작성까지 진행하고, 이를 통해 Sora로 영상을 생성한 후, Vrew로 배경 음악과 내레이션을 입혀 나만의 동화 애니메이션을 제작해 보겠습니다.

챗GPT로 애니메이션 기획하기

챗GPT로 프롬프트를 만들면 복잡한 문장을 고민하지 않아도 되고, 짧은 키워드만으로도 완성도 높은 영상을 만들 수 있어요. 챗GPT를 이용해 쉽게 프롬프트 만드는 법을 알려드릴게요.

01 챗GPT를 엽니다. '소라 프롬프트 전문가'에 접속합니다. 링크 **bit.ly/soraprompt**를 직접 입력해 접속해도 됩니다.

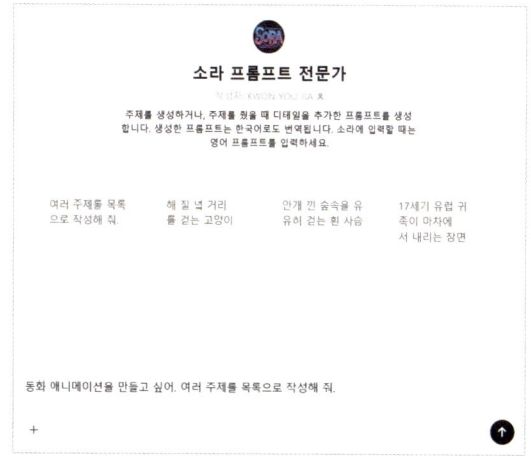

02 주제를 먼저 정하겠습니다. 프롬프트 창에 다음 프롬프트를 입력합니다.

프롬프트

> 동화 애니메이션을 만들고 싶어. 여러 주제를 목록으로 작성해 줘.

GPT

> 동화 애니메이션을 위한 다양한 주제를 정리해 보았어요. 아래 목록에서 원하는 스타일이나 분위기에 맞는 주제를 선택하거나 조합해 볼 수 있어요!
>
> **1. 판타지와 마법**
> - 마법에 걸린 숲과 용감한 소년(소녀)의 모험
> - 마녀의 제자 소녀가 마법을 익히며 겪는 성장 이야기
> - 유령이 된 왕자가 저주를 풀기 위해 모험을 떠나는 이야기

5장 애니메이션 만들기 **101**

- 작은 마법 동물이 친구를 찾아 떠나는 여정
- 별빛 마녀와 어린 왕자의 우정

2. 동물과 자연
- 말을 할 수 있는 작은 고양이가 주인을 찾아 떠나는 모험
- 숲속 동물들이 힘을 합쳐 사라지는 강을 지키는 이야기
- 인간이 된 새가 사랑을 배우는 이야기
- 용감한 생쥐가 왕국을 구하는 여정
- 잃어버린 개구리가 고향 연못을 찾아가는 이야기

3. 모험과 여행
- 하늘을 나는 배를 타고 보물을 찾는 아이들
- 신비로운 섬을 발견한 어린 탐험가의 모험
- 시간 여행을 통해 과거와 미래를 오가는 이야기
- 꿈을 현실로 만드는 마법 지도
- 거대한 도서관의 책 속으로 들어갈 수 있는 소년(소녀)

4. 우정과 성장
- 꿈을 찾아 떠나는 소년과 소녀의 이야기
- 서로 다른 세계에서 온 친구들의 만남과 모험
- 내면의 두려움을 극복하는 아이의 이야기
- 처음으로 친구를 사귀는 마법사 소년
- 소심한 주인공이 용기를 내어 세상을 바꾸는 이야기

5. 신비로운 마을과 전설
- 달빛 아래에서만 열리는 신비한 가게
- 100년에 한 번 열리는 마법의 문을 찾아가는 이야기
- 마을의 오래된 시계탑에 숨겨진 전설
- 평범한 마을에 나타난 요정들의 축제
- 악몽을 먹는 괴물과 친구가 된 아이

6. 동서양의 고전 재해석
- 신데렐라 이야기 속 마법사의 시점에서 본 이야기
- 인어공주가 인간이 아닌 또 다른 존재가 된다면?
- 한국 전래동화 속 도깨비와 인간의 우정 이야기
- 해와 달이 된 오누이의 새로운 모험
- 삼국지 속 인물들이 현대 세계에서 살아간다면?

어떤 주제가 마음에 드시나요? 원하는 요소를 조합해서 더욱 특별한 애니메이션을 만들 수도 있어요! 🙂

챗GPT는 이와 같이 답변해 주었습니다. 저는 '신비로운 섬을 발견한 어린 탐험가의 모험' 주제가 마음에 드네요. 이 주제로 대본과 영상을 만들어 보겠습니다. 여러분도 GPT 답변에서 마음에 드는 주제를 골라 따라 해 보세요.

03 주제를 정했으니, 이제는 대본을 작성해 봅시다. 프롬프트 창에 다음 프롬프트를 입력합니다.

신비로운 섬을 발견한 어린 탐험가의 모험을 주제로 20초 영상 프롬프트를 작성해 줘.

영상 대본: "신비의 섬, 루미아" (20초 애니메이션)

장면 1: 바다 위 - 탐험가의 작은 배 (낮, 구름이 흘러감)

(카메라 줌아웃 - 푸른 바다 한가운데, 조그마한 나무배가 파도를 따라 흘러감.)

나레이션: "어린 탐험가 루카는 전설 속에만 존재한다는 '신비의 섬'을 찾아 떠났어요."

장면 2: 섬이 나타나다 (배 위의 루카, 깜짝 놀라며 앞을 가리킴)

(안개가 서서히 걷히며, 형형색색 빛나는 숲과 하늘에 떠 있는 폭포가 보임.)

루카 (눈을 반짝이며): "와아… 여기가 정말 존재했어!"

장면 3: 섬에 상륙 (루카가 모래사장을 뛰어다님)

(발자국이 모래에 남고, 희미한 빛을 내는 조개껍데기를 발견함.)

루카 (신기한 듯): "이 조개… 빛나고 있어!"

장면 4: 신비한 생명체 등장 (반짝이는 날개를 가진 여우가 등장)

(숲속에서 빛나는 여우가 살짝 모습을 드러내며 루카를 지켜봄.)

여우 (부드럽게): "너, 이곳의 첫 번째 손님이구나."

장면 5: 숨겨진 비밀 (하늘로 이어진 빛의 길)

(하늘로 떠 있는 신비로운 길이 나타남.)

여우: "이 섬에는 오직 진정한 탐험가만이 볼 수 있는 길이 있단다."

(루카가 두근거리는 표정으로 길을 바라봄.)

(END - 화면이 빛 속으로 페이드아웃.)

이제 이 이야기를 더 확장해서 장편으로 만들 수도 있어요! 🙂

손쉽게 20초 애니메이션의 대본이 생성되었습니다. 이제 Sora에서 영상을 만들기 위해서는 프롬프트가 필요하겠죠? 챗GPT에게 프롬프트를 만들어 달라고 해 볼까요?

04 프롬프트 창에 다음 프롬프트를 입력합니다.

> 신비로운 섬을 발견한 어린 탐험가의 모험을 주제로 20초 영상 대본을 작성해 줘.

애니메이션 영상 프롬프트: "신비의 섬, 루미아"
아래는 각 장면에 대한 Sora 프롬프트입니다. 영상의 분위기, 색감, 카메라 연출을 강조하여 자연스럽고 신비로운 애니메이션 스타일로 구성했습니다.

Scene 1: 바다 위 - 탐험가의 작은 배 (낮, 구름이 흘러감)

Prompt:

A breathtaking aerial view of a vast, endless ocean with deep blue waves shimmering under the midday sun. A small wooden boat drifts gently on the water, carrying a young adventurer named Luka, a curious 10-year-old child with tousled brown hair, wearing a weathered explorer's outfit. White fluffy clouds float slowly in the sky, casting soft shadows on the water. The wind ripples through Luka's hair as they gaze ahead with excitement. A warm, cinematic lighting enhances the dreamy atmosphere.

Scene 2: 섬이 나타나다 (배 위의 루카, 깜짝 놀라며 앞을 가리킴)

Prompt:

Luka stands at the edge of the small wooden boat, eyes wide with wonder as a mystical island emerges from the mist. The island features glowing, multicolored foliage, towering crystal-like trees, and a breathtaking floating waterfall cascading from the sky into a shimmering lagoon. A soft golden light filters through the mist, creating a magical, otherworldly ambiance. The ocean waves gently part as the island slowly reveals itself. Cinematic wide shot with a slight camera tilt, capturing Luka's amazement.

Scene 3: 섬에 상륙 (루카가 모래사장을 뛰어다님)

Prompt:

Luka excitedly runs across the pristine, golden beach, leaving a trail of footprints in the soft sand. The shoreline glows faintly as tiny bioluminescent seashells sparkle under the sunlight. Gentle waves lap at the shore, creating a sense of serenity. A warm, tropical breeze rustles through the strange, luminescent palm trees in the background. The camera follows

Luka's movement dynamically, capturing the wonder and excitement in their expression as they pick up a glowing seashell.

Scene 4: 신비한 생명체 등장 (반짝이는 날개를 가진 여우가 등장)

Prompt:

From the lush, glowing jungle, a mystical fox with translucent, shimmering wings emerges. Its fur radiates a soft golden light, and its eyes glisten with wisdom and curiosity. The fox's wings flutter gently, scattering tiny glowing particles into the air. The scene is bathed in a soft blue and purple glow from the surrounding bioluminescent plants. Luka, standing frozen in awe, locks eyes with the magical creature. A close-up shot captures the fox's gentle, knowing expression.

Scene 5: 숨겨진 비밀 (하늘로 이어진 빛의 길)

an ethereal, glowing bridge made of pure light extending into the sky. The bridge shimmers with swirling colors of blue, pink, and gold, leading to an unknown destination above the clouds. The jungle around them glows softly, with floating firefly-like orbs drifting through the air. Luka stands at the edge, their heart pounding with excitement. The animation embraces a dreamlike, fantasy-inspired style, with a glowing, almost watercolor-like softness to the colors and a sense of depth created through misty layers.

한국어 번역된 프롬프트

Scene 1: 바다 위 - 탐험가의 작은 배 (낮, 구름이 흘러감)

광활한 푸른 바다가 햇빛을 받아 반짝이는 장면. 작은 나무배가 잔잔한 파도 위를 떠다니고 있으며, 그 위에는 탐험을 떠난 10살 소년 루카가 있다. 헝클어진 갈색 머리카락과 낡은 탐험가 의상을 입은 루카는 앞으로 다가올 모험에 가슴이 설렌다. 하늘에는 부드러운 흰 구름이 천천히 흐르고, 바람이 루카의 머리카락을 살짝 흩날린다. 따뜻한 영화 같은 조명이 전체적인 신비로운 분위기를 연출한다.

Scene 2: 섬이 나타나다 (배 위의 루카, 깜짝 놀라며 앞을 가리킴)

작은 나무배 위에서 루카가 경이로운 표정으로 안개 너머를 바라본다. 서서히 모습을 드러내는 신비한 섬. 형형색색으로 빛나는 나무들, 하늘에서 쏟아지는 신비로운 폭포, 그리고 반짝이는 호수가 어우러진 장관이 펼쳐진다. 부드러운 황금빛 햇살이 안개 사이로 스며들며 몽환적인 분위기를 더한다. 넓은 화면 구도와 살짝 기울어진 카메라 앵글이 루카의 감탄을 강조한다.

Scene 3: 섬에 상륙 (루카가 모래사장을 뛰어다님)

루카가 반짝이는 해변을 뛰어다닌다. 부드러운 모래 위에 작은 발자국이 남고, 햇빛을 반사하며 빛나는 조개껍데기가 곳곳에 흩어져 있다. 잔잔한 파도가 해변을 살짝 적시고, 주변에는 신비로운 야자수들이 빛을 내며 바람에 흔들린다. 카메라는 루카의 움직임을 따라가며 탐험의 설렘을 담는다.

Scene 4: 신비한 생명체 등장 (반짝이는 날개를 가진 여우가 등장)
숲속에서 부드러운 황금빛을 내는 신비한 여우가 모습을 드러낸다. 반투명한 날개가 부드럽게 펄럭이며 공기 중에 작은 빛의 입자가 흩날린다. 여우의 눈은 지혜와 호기심으로 반짝인다. 주변의 생명체들은 은은한 푸른빛과 보랏빛을 띠며 신비로운 분위기를 자아낸다. 루카는 놀란 듯 숨을 멈추고 여우와 눈을 마주친다.

Scene 5: 숨겨진 비밀 (하늘로 이어진 빛의 길)
하늘로 뻗어 있는 순수한 빛으로 만들어진 미묘하게 빛나는 다리. 다리는 파란색, 분홍색, 금색의 소용돌이치는 색으로 반짝이며 구름 위 미지의 목적지로 이어진다. 주변의 밀림은 은은하게 빛나고 반딧불이 같은 구슬이 공중에 떠다닌다. 루카는 설렘으로 두근거리는 심장을 안고 가장자리에 서 있다. 애니메이션은 몽환적이고 판타지에서 영감을 받은 스타일로, 수채화처럼 부드러운 색감과 안개가 자욱한 레이어를 통해 깊이감을 더한다.

이 프롬프트를 기반으로 멋진 애니메이션을 만들 수 있을 거예요! 😊✨

이렇게 작성한 프롬프트로 Sora와 Vrew를 이용해 동화 애니메이션을 제작해 보겠습니다.

> **TIP >>**
> 챗GPT의 답변은 매번 조금씩 달라질 수 있기 때문에, 여러분이 직접 입력했을 때는 책 속 예시와 똑같은 결과가 나오지 않을 수도 있어요. 당황하지 마시고, 문장을 조금씩 바꿔 보거나 톤을 조정해 보면서 다양한 결과를 실험해 보세요.

02 일관된 스타일로 영상 생성하기

이제 챗GPT로 생성한 프롬프트를 이용해 Sora에서 영상을 생성해 보겠습니다. 여러 프롬프트를 이용해, 여러 가지 영상을 제작할 경우 '일관된 스타일'이 무엇보다 중요해요. 이때 프리셋과 [Re-cut] 기능을 활용하면 영상의 톤과 무드를 일정하게 유지할 수 있을 뿐만 아니라, 잘못 생성된 영상은 잘라 내 영상의 스타일을 일관되게 유지할 수 있어요.

프리셋 생성하기

영상에 일관된 스타일을 유지하기 위해서는, 먼저 프리셋을 만들고 일관된 스타일을 유지하고자 하는 영상에 같은 프리셋을 적용하면 됩니다. '소라 프롬프트 전문가' GPTs를 활용하시면 빠르게 원하는 프리셋을 생성할 수 있어요.

01 '소라 프롬프트 전문가' 프롬프트 창에 노션 '프롬프트 정리'의 '프롬프트12'를 입력합니다..

프롬프트

3D 동화 애니메이션에 어울리는 프리셋을 다음과 같은 [형식]으로 작성해 줘.

[형식]
Shot on Eastmann 100t film, the image quality is grainy and high contrast, with shallow depth of field and cinematic look, epic and dramatic shot, very nostalgic.

GPT

Shot on a soft-focus digital lens with a handcrafted, painterly rendering style, the image quality is rich and slightly textured, evoking the warmth of classic illustrated storybooks. The colors are vibrant yet slightly pastel, with gentle gradients that enhance the fairytale aesthetic. The depth of field is shallow, drawing attention to characters while allowing the background to blur into a dreamy haze. The lighting is soft and diffused, mimicking golden-hour warmth or candlelit glow, adding a magical, nostalgic atmosphere. Camera movements are smooth and deliberate, with sweeping, cinematic angles that create a whimsical and immersive storytelling experience.

한국어 번역:
부드러운 초점의 디지털 렌즈로 촬영된 듯한 영상으로, 수작업으로 그린 듯한 회화적인 렌더링 스타일 을 갖추고 있습니다. 색감은 선명하면서도 약간 파스텔 톤으로 조정되어 동화적인 분위기를 강조하며, 부드러운 그라데이션이 따뜻한 감성을 더합니다. 얕은 심도를 사용해 캐릭터에 초점을 맞추고 배경은 꿈처럼 흐릿하게 표현됩니다. 조명은 은은하고 확산되어 황금빛 노을이나 촛불의 따뜻한 빛을 연상시 키며, 마법 같은 향수를 자아냅니다. 카메라는 부드럽고 세밀하게 움직이며, 극적인 구도를 통해 몰입감 있는 동화적 연출을 완성합니다.

챗GPT가 생성한 프리셋 프롬프트를 복사합니다. 마음에 안 드는 부분이 있다면 챗GPT에게 수정이 필요한 부분에 대해 구체적으로 이야기하면 됩니다. 작성한 프롬프트는 노션에서 확인할 수 있습니다. 처음 진행할 때는 이 프리셋을 적용해 주세요.

02 챗GPT로 생성한 프리셋 프롬프트를 추가하겠습니다. Sora에 접속하고, 프롬프트 창의 [Preset] - [Manage]를 클릭합니다.

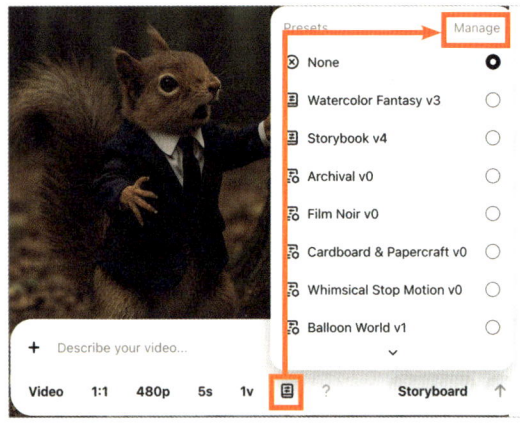

03 'Presets' 창이 나타나면 **1** [+]를 클릭합니다. **2** [Name]에 'Storybook'을 입력한 후, **3** [Preset]에는 Ctrl + V 를 눌러 챗GPT에서 복사한 프리셋을 붙여 넣고 **4** [Save]를 눌러 프리셋을 등록합니다.

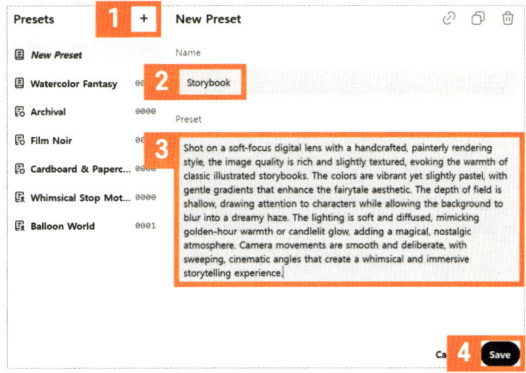

첫 번째 장면 만들기

이제 챗GPT가 생성해 준 프롬프트를 활용해 Sora로 영상을 만들어 보겠습니다. 먼저 '첫 번째 장면'입니다. 저는 챗GPT가 생성한 프롬프트를 활용했고, 여러분도 이를 활용하실 수 있도록 프롬프트 텍스트를 제공하고 있습니다. 다만 Sora와 같은 생성형 AI의 특성상 같은 프롬프트를 입력하더라도 영상이 제대로 나오지 않거나, 예제와 같은 영상이 나오지 않을 수 있습니다. 방법만 참고하시고 여러분만의 영상을 직접 만들어 보세요.

| 예제 파일 | 예제5.mp4 | 프롬프트 | 프롬프트13 |

+ A breathtaking aerial view of a vast, endless ocean with deep blue waves shimmering under the midday sun. A small wooden boat drifts gently on the water, carrying a young adventurer named Luka, a curious 10-year-old child with tousled brown hair, wearing a weathered explorer's outfit. White fluffy clouds float slowly in the sky, casting soft shadows on the water. The wind ripples through Luka's hair as they gaze ahead with excitement. A warm, cinematic lighting enhances the dreamy atmosphere.

광활한 푸른 바다가 햇빛을 받아 반짝이는 장면. 작은 나무배가 잔잔한 파도 위를 떠다니고 있으며, 그 위에는 탐험을 떠난 10살 소년 루카가 있다. 헝클어진 갈색 머리카락과 낡은 탐험가 의상을 입은 루카는 앞으로 다가올 모험에 가슴이 설렌다. 하늘에는 부드러운 흰 구름이 천천히 흐르고, 바람이 루카의 머리카락을 살짝 흩날린다. 따뜻한 영화 같은 조명이 전체적인 신비로운 분위기를 연출한다.

> **TIP >>**
> 프롬프트는 정답이 아니라 방향을 제시해 주는 가이드일 뿐, 여러분만의 감각과 아이디어를 녹여 내는 것이 진짜 창작의 시작입니다.

01 [Preset]을 클릭하고 새로 만든 'Storybook' 프리셋을 클릭합니다.

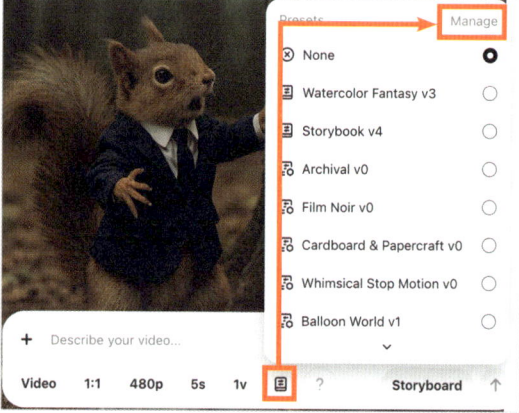

02 Sora를 엽니다. ① '첫 번째 장면'의 프롬프트를 Ctrl + C 를 눌러 복사하고, Ctrl + V 를 눌러 프롬프트 창에 붙여넣기 합니다. ② 동영상 옵션은 비율(16:9), 해상도(480p), 길이(5초), 변형(1 video)을 선택하고, ③ 'Create Video' ↑ 를 클릭합니다.

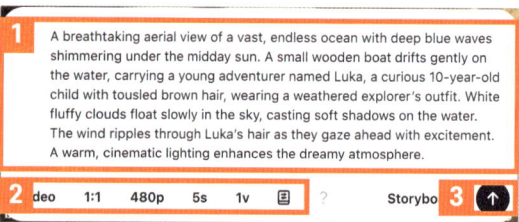

> **TIP >>**
>
> Sora는 프롬프트마다 항상 결과물이 다르게 나타납니다. 단번에 영상이 완성되는 경우보다, 여러 번 반복하다가 더 나은 결과물을 선택하는 경우가 더 많죠. 저 역시 여러 명의 '루카'를 만난 끝에 마음에 드는 '루카'를 만날 수 있었답니다. 여러분도 마음에 드는 결과물이 나올 때까지 영상을 여러 번 생성해 보세요.

두 번째 장면 만들기

이제 루카가 배에 서, 섬을 바라보는 '두 번째 장면'을 만들어 보겠습니다. 애니메이션이라면 캐릭터가 일관되게 유지하는 게 중요하겠죠. 캐릭터를 유지하려면 [Re-cut] 기능을 활용해야 합니다. 여기서 '첫 번째 장면'은 영상의 일관성을 유지하기 위해 활용합니다. 일관성을 유지하기 위해 활용한 '첫 번째 장면'은 나중에 Vrew로 편집할 예정입니다.

예제 파일 | 예제6.mp4   프롬프트 | 프롬프트14

+ A young adventurer named Luka, a curious 10-year-old child with tousled brown hair, wearing a weathered explorer's outfit, stands at the edge of the small wooden boat, eyes wide with wonder as a mystical island emerges from the mist. The island features glowing, multicolored foliage, towering crystal-like trees, and a breathtaking floating waterfall cascading from the sky into a shimmering lagoon. A soft golden light filters through the mist, creating a magical, otherworldly ambiance. The ocean waves gently part as the island slowly reveals itself. Cinematic wide shot with a slight camera tilt, capturing Luka's amazement.

탐험을 좋아하는 10살 소년 루카는 헝클어진 갈색 머리를 하고 낡은 탐험가 복장을 입은 채, 작은 나무 보트의 끝에 서 있다. 신비로운 섬이 안개 속에서 모습을 드러내자, 루카의 눈은 경이로움으로 크게 떠 있다. 그 섬은 빛나는 다채로운 식물들, 수정처럼 우뚝 솟은 나무들, 하늘에서 반짝이는 석호로 쏟아지는 숨막히는 공중 폭포를 품고 있다. 부드러운 황금빛 햇살이 안개를 뚫고 퍼지며 마법 같고 다른 세상 같은 분위기를 자아낸다. 바닷물은 부드럽게 갈라지고, 섬은 천천히 그 모습을 드러낸다. 카메라는 살짝 기울어진 시네마틱 와이드 숏으로 루카의 놀라움을 포착한다.

01 프롬프트 창에서 ✚ - [Choose from library]를 클릭합니다. '첫 번째 장면' 영상을 클릭합니다.

02 '첫 번째 장면'이 업로드되면 이미지 오른쪽 위 ✏️ 을 클릭합니다.

03 영상의 일관성을 유지하기 위해 [Re-cut] 기능을 활용하겠습니다. '영상 편집' 창에서 [Re-cut]을 클릭합니다.

04 '첫 번째 장면'에서 루카의 얼굴이 가장 잘 나온 장면을 선택하겠습니다. 이미지와 같이 타임라인 왼쪽 끝을 오른쪽으로 [클릭 앤 드래그]해 끝부분(04.12 ~ 04.28)만 남깁니다.

> **TIP** ≫
>
> Sora로 일관된 영상을 만드는 방법입니다. 꼭 같은 시간대가 아니더라도, 캐릭터의 특징을 온전히 나타내는 시간대를 선택하세요.

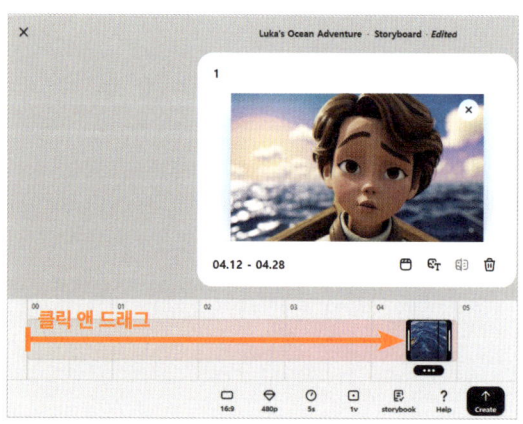

05 줄어든 영상을 '00'초로 [클릭 앤 드래그]합니다.

06 예제 영상에 새로운 영상을 추가해 보겠습니다. '01'초에 스토리보드 카드를 생성합니다.

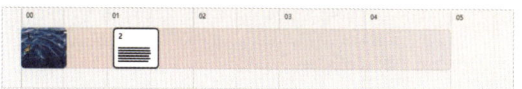

07 '두 번째 장면'의 프롬프트를 복사, 붙여넣기 합니다. 프롬프트에서 중요한 포인트는 주인공 '루카'를 설명했다는 점입니다. Sora는 '첫 번째 장면'의 루카를 학습해 일관된 영상을 제작하게 됩니다.

> **TIP >>**
> 챗GPT에게 '첫 번째 장면'의 루카를 보여 주고, 프롬프트에 '루카'의 생김새를 추가하도록 요청해 보세요.

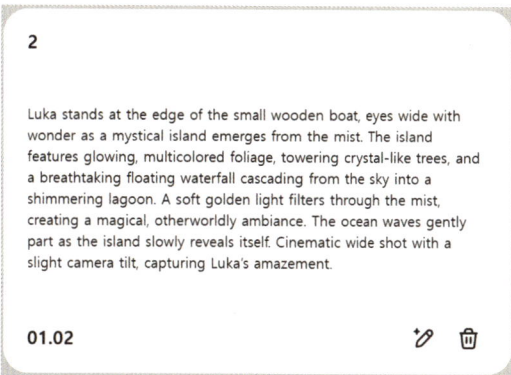

08 **1** 동영상 옵션은 비율(16:9), 해상도(480p), 길이(5초), 변형(1 video), 템플릿(storybook)을 선택하고, **2** [Create]를 클릭합니다.

세 번째 장면 만들기

앞서 루카가 섬을 발견하는 '두 번째 장면'을 제작해 보았습니다. 다음 '세 번째 장면'은 ① 루카가 배에서 내려, ② 해변을 달려가는 장면입니다. '두 번째 장면'에서와 마찬가지로 캐릭터의 일관성을 유지하기 위해 '첫 번째 장면'을 활용합니다. 일관성을 유지하기 위해 활용한 '첫 번째 장면'은 나중에 Vrew로 편집할 예정입니다.

예제 파일 | 예제7.mp4
프롬프트 | 프롬프트15

- A young adventurer named Luka, a curious 10-year-old child with tousled brown hair, wearing a weathered explorer's outfit getting off the boat.
- Luka excitedly runs across the pristine, golden beach, leaving a trail of footprints in the soft sand. The shoreline glows faintly as tiny bioluminescent seashells sparkle under the sunlight. Gentle waves lap at the shore, creating a sense of serenity. A warm, tropical breeze rustles through the strange, luminescent palm trees in the background. The camera follows Luka's movement dynamically, capturing the wonder and excitement in their expression as they pick up a glowing seashell.

- 헝클어진 갈색 머리카락과 낡은 탐험가 의상을 입은 10살 소년 루카가 배에서 내린다.
- 루카가 반짝이는 해변을 뛰어다닌다. 부드러운 모래 위에 작은 발자국이 남고, 햇빛을 반사하며 빛나는 조개껍데기가 곳곳에 흩어져 있다. 잔잔한 파도가 해변을 살짝 적시고, 주변에는 신비로운 야자수들이 빛을 내며 바람에 흔들린다. 카메라는 루카의 움직임을 따라가며 탐험의 설렘을 담는다.

01 프롬프트 창에서 ➕ - [Choose from library]를 클릭합니다. '첫 번째 장면' 영상을 클릭합니다.

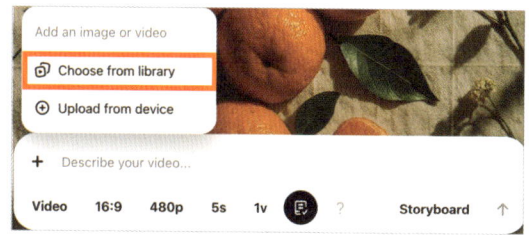

02 '첫 번째 장면' 영상이 업로드되면 이미지 오른쪽 위 🖉 을 클릭합니다.

03 영상의 일관성을 유지하기 위해 다시 [Re-cut] 기능을 활용하겠습니다. '영상 편집' 창에서 [Re-cut]을 클릭합니다.

04 이미지에서 루카의 얼굴이 가장 잘 나온 장면을 선택하겠습니다. 이미지와 같이 타임라인 왼쪽 끝을 오른쪽으로 [클릭 앤 드래그]해 끝부분(04.12 ~ 04.28)만 남깁니다.

05 줄어든 영상을 '00'초로 [클릭 앤 드래그]합니다.

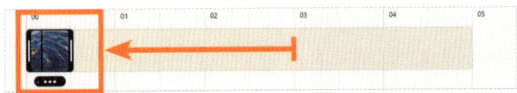

06 하단 프롬프트 창의 [Duration]을 '10 seconds'로 설정합니다.

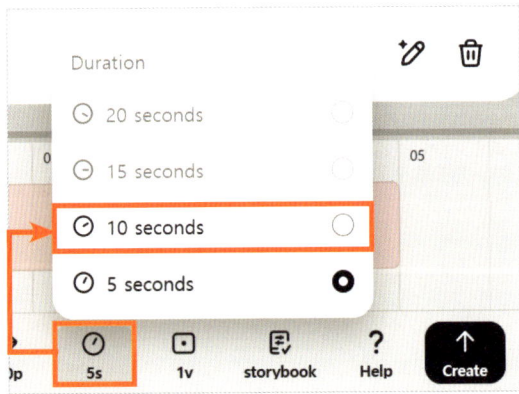

07 '두 번째 장면'에서와 마찬가지로 Sora에게 루카를 설명하는 프롬프트를 추가합니다. ① '01'초에 스토리보드 카드를 생성해, ② '세 번째 장면'의 첫 번째 프롬프트'를 복사, 붙여넣기 합니다.

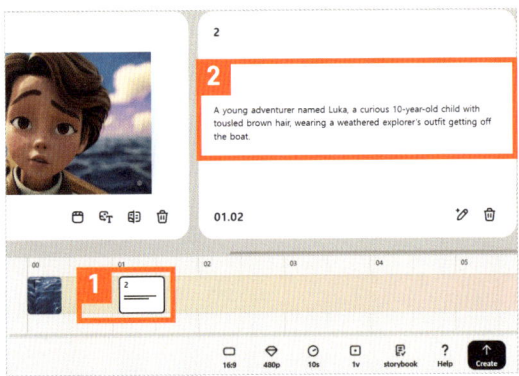

08 ① '04'초에 스토리보드 카드를 다시 생성해, 루카가 배에서 내리는 ② '세 번째 장면'의 두 번째 프롬프트를 복사, 붙여넣기 합니다. ③ 동영상 옵션은 비율(16:9), 해상도(480p), 길이(10초), 변형(1 video), 템플릿(storybook)을 선택하고, ④ [Create]를 클릭합니다.

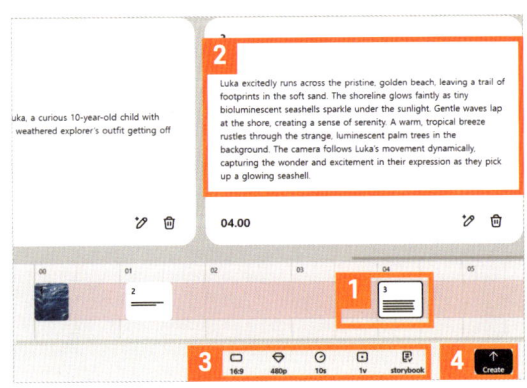

네 번째 장면 만들기

신비한 여우가 등장하는 '네 번째 장면'을 만들어 보겠습니다. 아래 QR코드 영상에는 루카가 여우가 되는 이상한 장면이 나오지만, 나중에 Vrew로 편집하면 되니 괜찮습니다.

예제 파일 | 예제8.mp4   프롬프트 | 프롬프트16

- From the lush, glowing jungle, a mystical fox with translucent, shimmering wings emerges. Its fur radiates a soft golden light, and its eyes glisten with wisdom and curiosity. The fox's wings flutter gently, scattering tiny glowing particles into the air. The scene is bathed in a soft blue and purple glow from the surrounding bioluminescent plants.
- Luka, standing frozen in awe, locks eyes with the magical creature. A close-up shot captures the fox's gentle, knowing expression.

- 숲속에서 부드러운 황금빛을 내는 신비한 여우가 모습을 드러낸다. 반투명한 날개가 부드럽게 펄럭이며 공기 중에 작은 빛의 입자가 흩날린다. 여우의 눈은 지혜와 호기심으로 반짝인다. 주변의 생명체들은 은은한 푸른빛과 보랏빛을 띠며 신비로운 분위기를 자아낸다.
- 루카는 놀란 듯 숨을 멈추고 여우와 눈을 마주친다.

01 프롬프트 창에서 ✚ - [Choose from library]를 클릭합니다. '첫 번째 장면' 영상을 클릭합니다.

5장 애니메이션 만들기 117

02 '첫 번째 장면'이 업로드되면 이미지 오른쪽 위 ✏️ 을 클릭합니다.

03 영상의 일관성을 유지하기 위해 다시 [Re-cut] 기능을 활용하겠습니다. '영상 편집' 창에서 [Re-cut]을 클릭합니다.

04 '첫 번째 장면'에서 루카의 얼굴이 가장 잘 나온 장면을 선택하겠습니다. 이미지와 같이 타임라인 왼쪽 끝을 오른쪽으로 [클릭 앤 드래그]해 끝부분(04.12 ~ 04.28)만 남깁니다.

05 줄어든 영상을 '00'초로 [클릭 앤 드래그]합니다.

06 하단 프롬프트 창의 [Duration]을 '10 seconds'로 설정합니다.

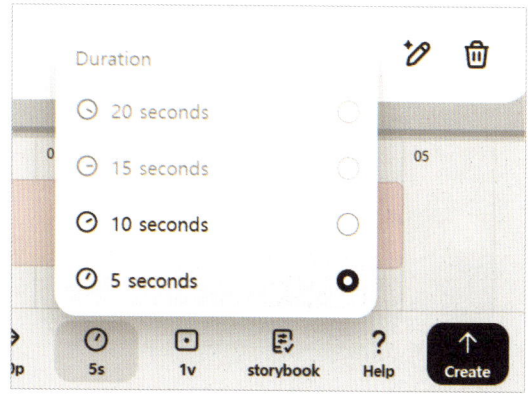

07 **1** '01'초에 스토리보드 카드를 생성해, **2** '네 번째 장면'의 첫 번째 프롬프트를 복사, 붙여넣기 합니다.

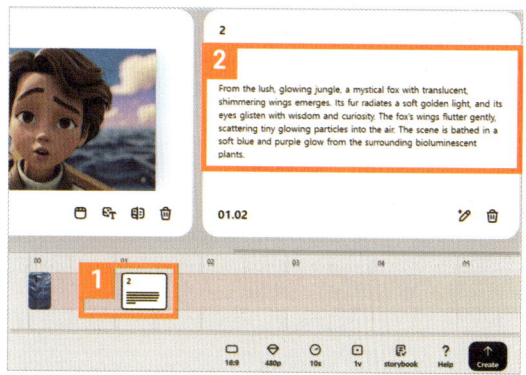

08 **1** '05'초에 스토리보드 카드를 다시 생성해, **2** '네 번째 장면'의 두 번째 프롬프트를 복사, 붙여넣기 합니다. **3** 동영상 옵션은 비율(16:9), 해상도(480p), 길이(10초), 변형(1 video), 템플릿(storybook)을 선택하고, **4** [Create]를 클릭합니다.

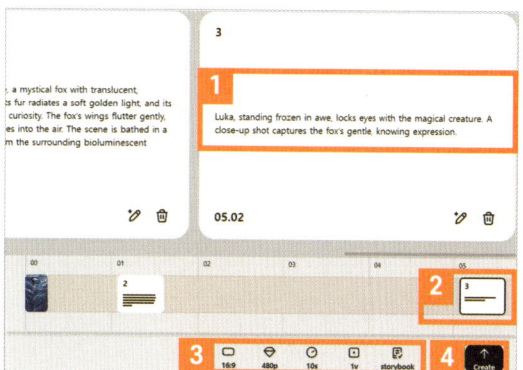

다섯 번째 장면 만들기

'다섯 번째 장면'에서는 '네 번째 장면'에서 이어지는 느낌을 주기 위해 '네 번째 장면'을 활용해 보겠습니다. 마찬가지로 영상의 일관성을 유지하기 위해 [Re-cut] 기능을 활용합니다.

| 예제 파일 | 예제9.mp4 | 프롬프트 | 프롬프트17 |

➕ an ethereal, glowing bridge made of pure light extending into the sky. The bridge shimmers with swirling colors of blue, pink, and gold, leading to an unknown destination above the clouds. The jungle around them glows softly, with floating firefly-like orbs drifting through the air. Luka stands at the edge, their heart pounding with excitement. The animation embraces a dreamlike, fantasy-inspired style, with a glowing, almost watercolor-like softness to the colors and a sense of depth created through misty layers.

하늘로 뻗어 있는 순수한 빛으로 만들어진 미묘하게 빛나는 다리. 다리는 파란색, 분홍색, 금색의 소용돌이치는 색으로 반짝이며 구름 위 미지의 목적지로 이어진다. 주변의 밀림은 은은하게 빛나고 반딧불이 같은 구슬이 공중에 떠다닌다. 루카는 설렘으로 두근거리는 마음을 안고 가장자리에 서 있다. 애니메이션은 몽환적이고 판타지에서 영감을 받은 스타일로, 수채화처럼 부드러운 색감과 안개가 자욱한 레이어를 통해 깊이감을 더한다.

01 프롬프트 창에서 ➕ - [Choose from library]를 클릭합니다. 신비한 여우가 등장하는 '네 번째 장면'을 클릭합니다.

02 '네 번째 장면'이 업로드되면 이미지 오른쪽 위 🖉 을 클릭합니다.

03 '네 번째 장면'에서 이어지는 느낌을 주기 위해 [Re-cut] 기능을 활용하겠습니다. '첫 번째 장면' 하단의 [Re-cut]을 클릭합니다.

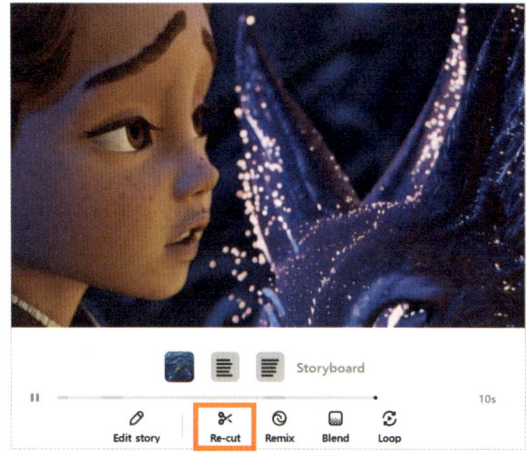

04 일관성을 유지하기 위해 '네 번째 장면'의 신비로운 분위기를 잘 보여 주는 부분만 남기겠습니다. 타임라인 왼쪽 끝을 오른쪽으로 [클릭 앤 드래그]해 끝부분(06.24 ~ 09.26)만 남깁니다.

> **TIP >>**
>
> 꼭 같은 시간대가 아니어도 좋아요. 배경의 특징을 온전히 나타내는 시간대를 선택하세요.

05 타임라인 오른쪽 끝을 왼쪽으로 [클릭 앤 드래그]해 불필요한 부분은 자르고 중간 부분(6.24~0.22)만 남깁니다.

06 줄어든 영상을 '00'초로 [클릭 앤 드래그]합니다.

07 하단 프롬프트 창의 [Duration]을 '5 seconds'로 설정합니다.

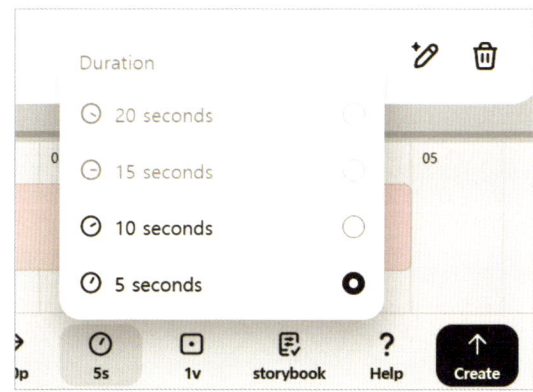

08 1 '01'초에 스토리보드 카드를 생성해, 2 다섯 번째 장면의 프롬프트를 복사 및 붙여넣기 합니다. 3 동영상 옵션은 비율(16:9), 해상도(480p), 길이(5초), 변형(1 video), 템플릿(storybook)을 선택한 후, 4 [Create]를 클릭합니다.

09 생성한 영상은 우측 상단의 ⬇을 눌러 다운로드할 수 있습니다. 다섯 개의 영상을 모두 다운로드해 주세요.

Vrew로 애니메이션 영상 편집하기

Vrew브루는 누구나 손쉽게 영상을 편집할 수 있는 프로그램입니다. Sora의 부족한 부분을 채워 줄 수 있는 Vrew의 편집 기능을 간단하게 알아봐요.

Vrew 설치부터 회원가입까지

Sora에서 일관성을 유지하기 위해 같은 영상을 사용하였기 때문에 편집이 필요합니다. 그리고 배경 음악과 음성까지 추가하면 더욱 멋지겠죠? Vrew는 AI를 활용해 쉽게 영상을 편집할 수 있는 도구입니다. 우선 Vrew를 설치하고 회원가입까지 진행해 봅시다.

01 먼저 **https://vrew.ai/ko/**에 접속해, **[무료 다운로드]**를 클릭하여 Vrew를 다운로드합니다.

02 **[회원가입]**을 누릅니다. 여러분이 자주 사용하는 구글 계정이 있다면 간편하게 회원가입할 수 있습니다. 필요한 정보를 입력해 회원가입을 완료합니다.

Vrew에 영상 업로드하기

이제 Vrew에 예제 파일 5개를 모두 업로드하고, 편집하기 쉽도록 인공지능이 장면 전환을 감지하여 클립을 나누게 합시다.

01 상단 메뉴에서 [파일] - **[새로 만들기]**를 클릭합니다.

02 '새로 만들기' 창에서 **[PC에서 비디오·오디오 불러오기]**를 클릭합니다.

03 예제 파일 5개를 선택하고 **[열기(O)]**를 클릭합니다.

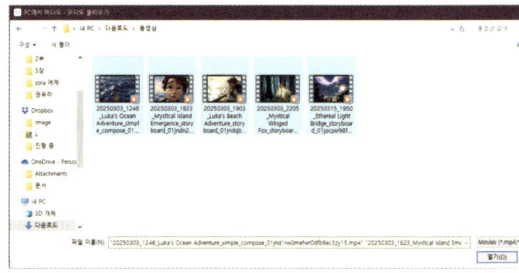

04 **1** 각 영상 우측의 ☰ 을 [드래그 앤 드롭]해서 '첫 번째 장면'부터 '다섯 번째 장면'까지 순서를 정렬합니다. **2** **[각 파일마다 씬 나눠서]**를 선택하고, **3** **[영상 불러오기]**를 클릭합니다.

05 '영상 불러오기 창'에서 **[장면 전환 감지하기]**를 누릅니다.

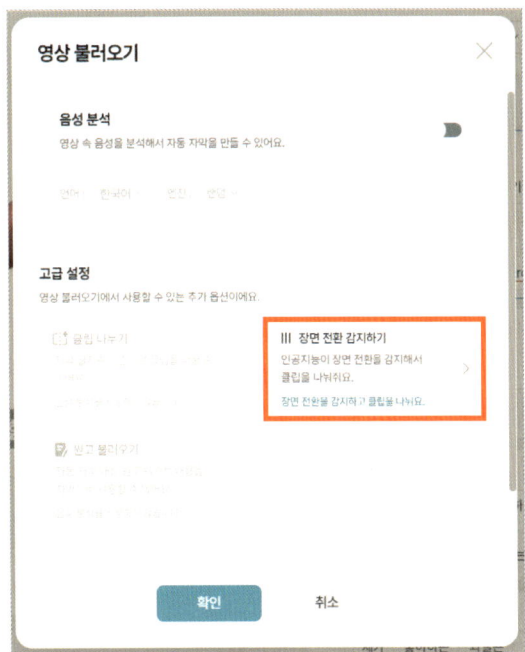

06 장면 전환 감지하기 창이 뜨면 **[전환점 표시하기]**와 **[전환점에서 클립 나누기]** 토글을 켜고 뒤로 돌아가, **[확인]**을 누릅니다.

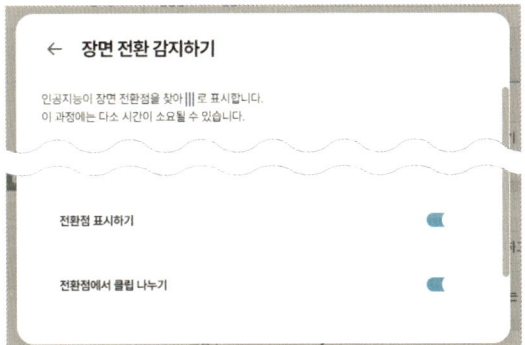

07 35초짜리 동영상 클립이 생성되었습니다.

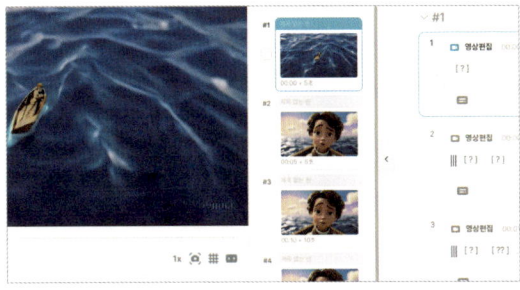

영상 잘라내기

일관성을 유지하기 위해 영상에 반복해 나타나는 부분이 있습니다. 그 밖에도 원하지 않는 장면이 있다면 편집해 봅시다.

01 **1** 화면의 중간에 커서를 가져다 대면 나타나는 버튼을 [클릭 앤 드래그]하여 왼쪽으로 옮기면서 **2** 오른쪽에 각 클립의 장면이 보이면 [드롭]합니다.

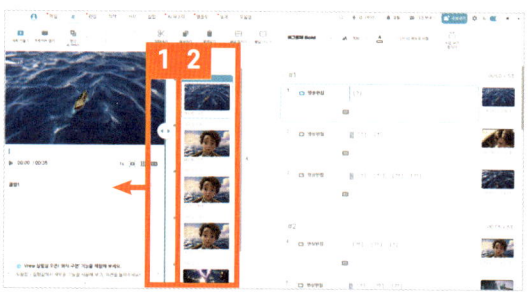

02 각 클립의 앞뒤를 클릭하면 커서가 깜빡입니다. 이때 [Space bar]를 누르면 해당하는 부분을 재생할 수 있습니다.

> **TIP >>**
>
> 클립은 Vrew에서 자막을 표시하는 단위입니다.

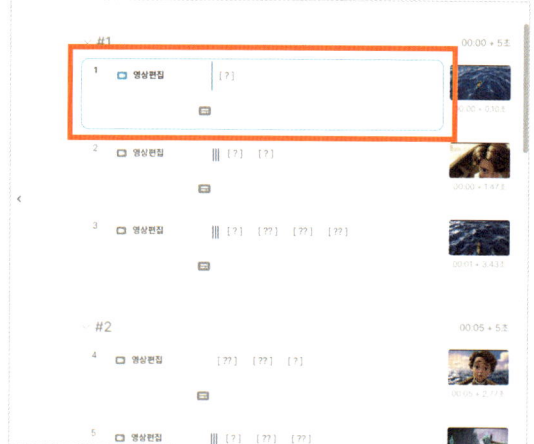

03 동영상을 재생하면서 삭제하고 싶은 클립이 있다면 [Space bar]를 눌러 영상을 멈추고 해당 클립을 클릭한 후, [Ctrl]+[X]를 누르거나, **[잘라내기]**를 클릭해 삭제할 수 있습니다.

04 잘못 삭제한 경우 [Ctrl]+[Z]를 누르거나, **[되돌리기]**를 클릭하여 되돌릴 수 있습니다.

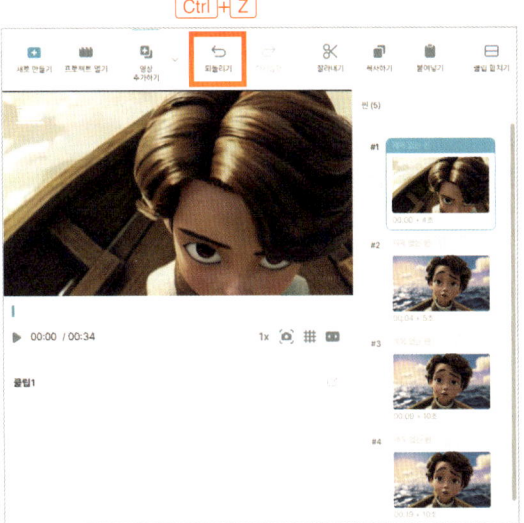

05 더 섬세한 편집이 필요하다면 클립을 클릭하고 **[상세 편집]**을 누릅니다.

> **TIP >>**
> 가운데 클립(3.00초 ~ 4.00초)을 왼쪽 클립(2.00초 ~ 3.00초)의 2:00초 방향으로 끝까지 드래그하면 왼쪽 클립이 자동으로 가운데 클립과 합쳐집니다.

06 클립의 앞뒤를 [드래그 앤 드롭]하여 0.01초 단위로 편집할 수 있습니다.

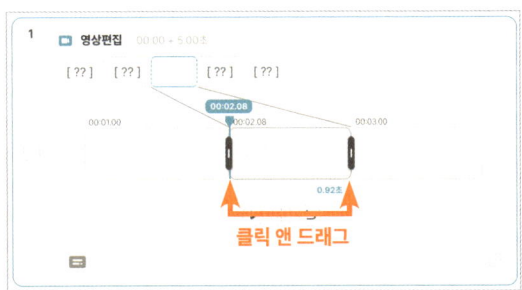

07 사용할 영상의 클립을 클릭하고 내가 원하는 분량만큼 선택한 후, 나머지 클립은 삭제해 영상을 편집합니다. 같은 방법으로 모든 영상을 편집합니다. 완성 영상 '예제10.mp4'를 참고해도 좋습니다.

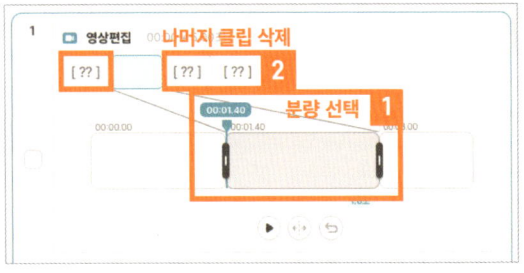

5장 애니메이션 만들기 127

배경 음악 넣기

영상을 모두 편집했는데, 소리가 없어 허전한가요? 그렇다면 배경 음악을 넣어 봅시다.

01 메뉴의 [삽입] - [배경 음악]을 클릭합니다.

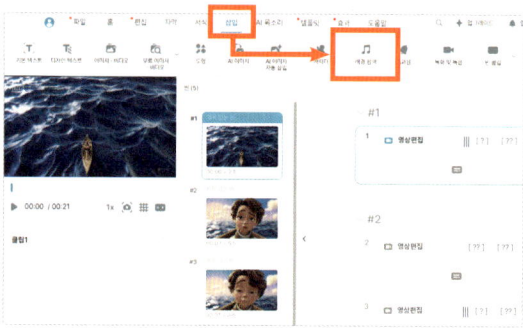

02 **1** '적용 범위'는 [전체 클립]을 선택하고, 무료 음악 중에 마음에 드는 음악을 골라 봅시다. **2** '무료 음악 검색창'에 '오프닝'을 입력하고 '가볍게 떠나는 여행'이라는 곡을 선택하고 **3** [삽입하기]를 눌러 완료합니다.

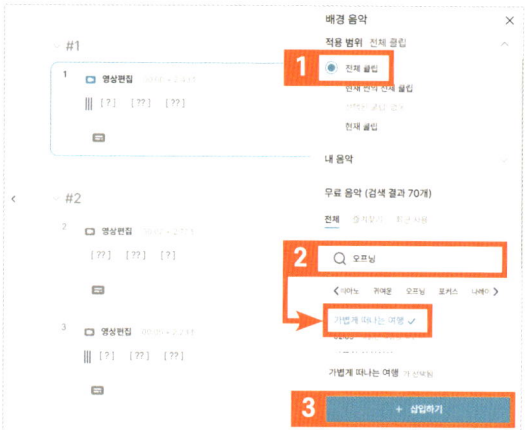

03 ♫ 을 클릭하면 배경 음악을 설정할 수 있습니다. [볼륨 조절]에서 볼륨을 30으로 줄이고, [페이드인/아웃]에서 [페이드 인] 토글을 OFF합니다.

AI 음성 넣기

이제 배경 음악도 넣었으니, 이제는 내레이션이 있으면 좋겠네요. 아래 대사를 내레이션으로 넣어 보겠습니다.

> 어린 탐험가 루카는 전설 속에만 존재한다는 신비의 섬을 찾아 떠났어요.
> 루카는 신비의 섬을 발견하고
> 빛나는 조개가 있는 모래사장을 뛰어다녔어요.
> 루카는 말하는 여우도 만나게 됩니다.
> 루카에게 어떤 일이 생기게 될까요?

01 내레이션이 시작될 위치에 커서를 놓고 클릭합니다. 메뉴의 [AI 목소리] - **[AI 목소리 효과음]**을 클릭합니다.

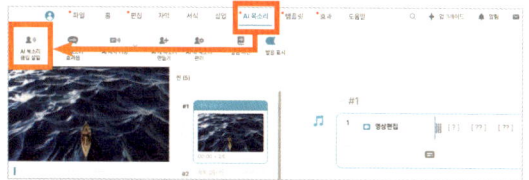

02 말풍선이 생기면 **1** 첫 번째 대사 '어린 탐험가 루카는 전설 속에만 존재한다는 신비의 섬을 찾아 떠났어요.'를 입력합니다. **2** **[목소리 설정]**을 누릅니다.

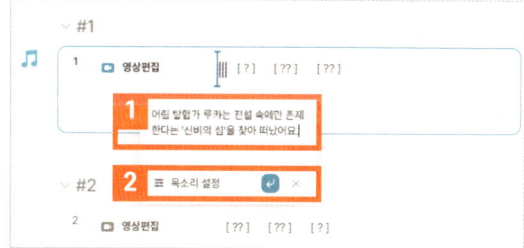

03 내레이션에 어울리는 목소리를 골라 봅시다. 검색창에 '신정한'을 입력하고, 목소리를 선택한 후 **[확인]**을 클릭합니다.

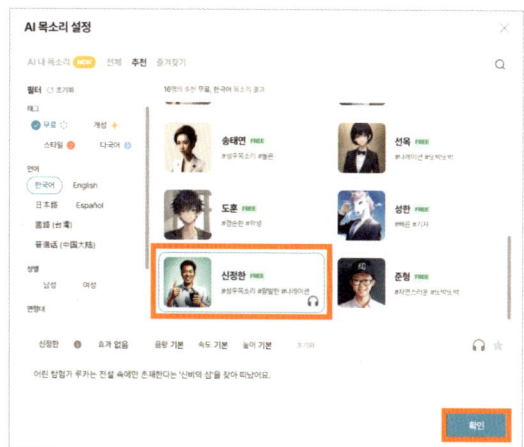

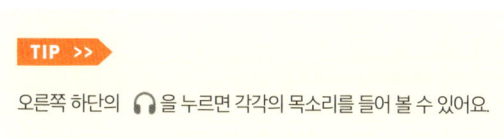
오른쪽 하단의 🎧 을 누르면 각각의 목소리를 들어 볼 수 있어요.

5장 애니메이션 만들기 129

04 을 클릭하면 음원 자르기, 볼륨 조절, 목소리 수정, 삭제 등 AI 음성 설정이 가능해요. 음성을 들어 보고, 설정이 필요하다면 설정해 보세요. 이후 대본도 같은 방식으로 삽입해 완성합니다.

TIP >>

목소리가 언제 시작해서 언제 끝나는지 보라색으로 표시됩니다.

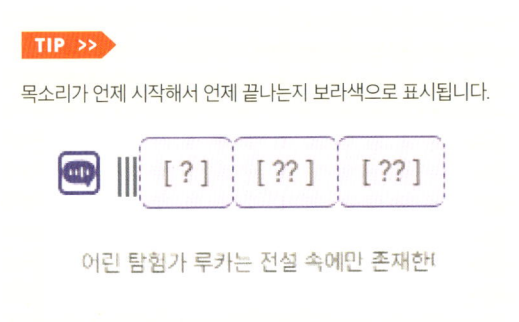

완성된 영상 내보내기

영상을 편집하고, 배경 음악과 AI 음성까지 더해 짧은 애니메이션을 완성해 보았어요. 이제 이 영상을 다운로드해서 직접 감상하거나 공유해 볼 수 있어요. 처음 만든 AI 애니메이션이지만 꽤 그럴듯하죠?

01 우측 상단의 **[내보내기]**를 클릭하고, **[영상 파일(mp4)]** 형식을 클릭합니다.

02 **1** '대상 클립'에서 **[모든 씬, 모든 클립]**, **2** '해상도'는 **[원본]**을 클릭한 후 **3** **[내보내기]**를 클릭합니다.

03 파일 이름 '루카의 모험'으로 수정하고, **[저장(S)]**을 클릭해 내보내기를 완료합니다.

> **TIP >>**
>
> 영상을 내보내기 전, 왼쪽 화면에서 완성된 영상을 확인해 보세요.

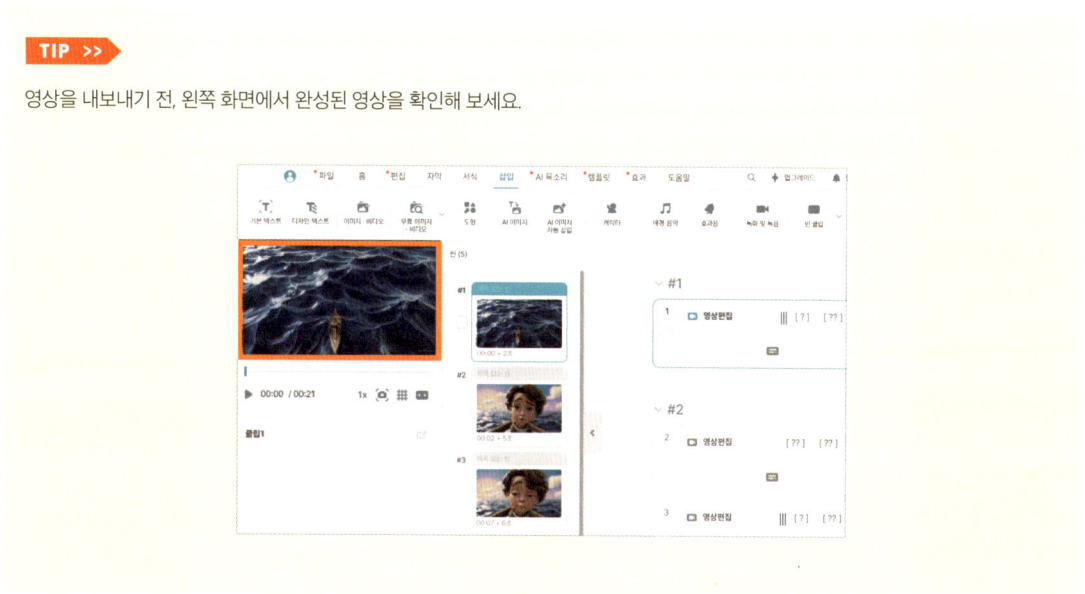

6장
유튜브 쇼츠 만들기

6장에서는 **챗GPT**를 활용해 쇼츠 주제를 선정부터 대본과 프롬프트 작성까지 단숨에 진행하고, **Sora**로 대본에 어울리는 영상을 생성한 후 이를 Vrew로 배경 음악, 내레이션, 자막을 입혀 시청자를 사로잡을 유튜브 쇼츠를 완성해 보겠습니다.

01 | 챗GPT로 쇼츠 기획하기

이전 예제에서와 같이 챗GPT를 활용해 영상의 주제부터 프롬프트를 구성해 보겠습니다.

01 챗GPT를 엽니다. '소라 프롬프트 전문가'에 접속합니다. 링크 **bit.ly/soraprompt**를 직접 입력해 접속해도 됩니다.

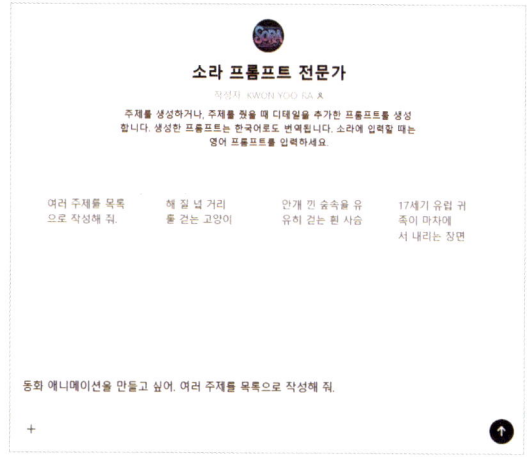

02 쇼츠 영상의 주제를 정해 보겠습니다. 프롬프트 창에 다음 프롬프트를 입력합니다. 저는 '철학'을 선택했지만 여러분이 원하는 주제로 바꾸어도 좋습니다.

프롬프트

> 철학을 주제로 30초짜리 유튜브 쇼츠를 만들 건데, 콘텐츠를 추천해 줘.

GPT

> 철학을 주제로 30초짜리 유튜브 쇼츠를 만든다면, 짧지만 강렬한 질문을 던지는 게 중요해! 시청자들의 호기심을 자극하고, 댓글 토론을 유도할 수 있는 콘텐츠가 좋을 거야. 🎬
>
> **추천 철학 콘텐츠 (30초 쇼츠용)**
>
> **1. 테세우스의 배**
> 질문: "모든 부품이 교체된 배, 이건 여전히 같은 배일까? 너의 몸도 몇 년마다 세포가 바뀌는데, 넌 여전히 같은 사람일까?"

구성:

배가 하나씩 교체되는 애니메이션

두 개의 배가 존재하는 장면

사람의 세포가 바뀌는 이미지

"너는 어떻게 생각해?"라고 마무리

2. 철학적 좀비
질문: "겉보기엔 인간처럼 행동하지만, 감정을 느끼지 못하는 사람이 있다면? 그도 진짜 인간일까?"

구성:

일반 사람 vs 철학적 좀비 비교

"누가 진짜 인간인가?"라는 자막

"의식이란 뭘까?"라는 의문 던지기

3. 두뇌 업로드
질문: "너의 기억과 성격을 100% 그대로 컴퓨터에 업로드하면, 그건 '너'일까? 아니면 그냥 복사본일까?"

구성:

사람 얼굴 → 컴퓨터 화면으로 변환되는 애니메이션

원래 인간 vs 디지털 인간 비교

"내가 두 개라면, 진짜 나는 누구일까?"

4. 몽테뉴의 '나는 무엇을 아는가?'
질문: "네가 확실히 알고 있는 건 뭐야? 우리가 안다고 믿는 것들, 정말 확실할까?"

구성:

"나는 존재한다" vs "내 감각이 다 속임수라면?"

데카르트 vs 회의주의 비교

"네가 확실히 알고 있는 걸 댓글로 적어 봐!"

챗GPT는 '테세우스의 배'를 포함해 여러 콘텐츠를 추천해 줬어요. 이번 장에서는 이 테세우스의 배를 주제로 유튜브 쇼츠를 만들어 볼게요.

> **TIP >>** 테세우스의 배가 무엇인가요?
>
> 옛날 그리스 신화에 등장하는 영웅 테세우스가 있었어요. 그가 타던 배를 사람들이 박물관에 보관하려고 했는데, 배의 나무 판자가 낡아서 점차 하나씩 교체되었어요.
> - 나무 판자 하나 교체 → 이건 여전히 테세우스의 배죠!
> - 그다음 판자도 교체 → 그래도 같은 배겠죠?
> - 모든 나무 판자를 새것으로 교체 → 그런데 이건 여전히 같은 배일까요?
>
> 버려진 낡은 판자들을 모아 원래대로 다시 조립하면, 그 배도 테세우스의 배일까요?

여러분은 다른 어떤 주제를 선택해도 좋지만, 유튜브 쇼츠 주제를 선택할 때는 다음 3가지를 기억하세요!

짧고 강렬한 주제

- 유튜브 쇼츠는 30초~1분 정도로 짧아야 해요. 그리고 영상이 시작하고 3초 안에 시청자들의 호기심을 자극할 수 있는 주제를 찾아보세요.

댓글을 부르는 주제

- 유튜브 쇼츠는 댓글이 많아질수록 알고리즘이 추천을 더 많이 해 줘요. 사람들이 토론하고 싶거나, 자기 의견을 말하고 싶어지는 주제를 고르면 좋아요. 사람들이 이미 아는 너무 뻔한 이야기나 토론할 필요가 없는 질문은 하지 마세요.

짧아도 스토리텔링이 있는 주제

- 30초짜리 영상이라도 이야기의 흐름이 있어야 시청자들이 끝까지 시청해요. 30초를 5초 단위로 나눠서라도 스토리가 진행될 수 있는 주제가 좋아요. 지루한 나열식 설명과 결론이 확실한 이야기는 피하세요.

> **TIP >>**
>
> 유튜브 쇼츠는 트렌드가 빠르게 바뀌기 때문에, 완성도보다 '타이밍'이 훨씬 더 중요할 때가 많아요. 지금 유행하는 주제, 효과, 편집 스타일을 빠르게 포착하고 적용하는 능력이 숏폼 성공의 핵심이에요. 챗GPT를 활용하면 최신 키워드나 밈을 빠르게 분석할 수 있어 콘텐츠 기획에도 유리하죠. 중요한 건 완벽하게 만드는 것보다 '지금 바로' 시작하는 거예요.

03 주제를 정했으니, 이제는 대본을 작성해 봅시다. 프롬프트 창에 다음 프롬프트를 입력합니다.

> 테세우스의 배를 주제로 유튜브 쇼츠 30초짜리 대본을 써 줘.

유튜브 쇼츠 대본 - 테세우스의 배
길이: 30초

(웅장한 그리스 음악 + 빠른 컷 편집)
[장면 1: 진행자 등장]
진행자: "이 배는 '테세우스의 배'라고 합니다. 그런데, 나무 판자가 하나 썩어서 교체했어요. 이건 아직 같은 배일까요?"

[장면 2: 배가 점점 수리되는 애니메이션]
진행자: "하나씩, 하나씩… 결국 모든 부품을 교체하면, 이건 여전히 '테세우스의 배'일까요? "

[장면 3: 배 두 척 비교]
진행자: "더 신기한 건, 원래 부품들을 모아 다시 조립하면… 똑같은 배가 두 개?! 뭐가 진짜 테세우스의 배일까요?"

[장면 4: 충격적인 마무리]
진행자: "이걸 사람한테 적용하면? 우리의 세포는 몇 년마다 완전히 바뀐대요. 그럼 난 여전히 '나'일까?"

[장면 5: 엔딩 & 질문 던지기]
진행자: "여러분은 어떻게 생각하시나요? 댓글로 알려주세요!"

🎵 (출렁이는 파도 소리 + '궁금하면 구독!')

이런 식으로 빠르게 진행되면서 흥미로운 철학적 질문을 던지는 방식이 좋아요! 필요하면 스타일 조정해 줄 수 있어요.

빠르게 쇼츠 영상 제작을 위한 대본을 완성했어요. 이제 Sora에서 영상을 만들기 위해서는 프롬프트가 필요하겠죠? 챗GPT에게 프롬프트를 만들어 달라고 해 볼까요?

02 | 대본에 맞는 영상 생성하기

이제 챗GPT가 만들어 준 프롬프트를 활용해 Sora에서 직접 영상을 생성해 보겠습니다. 이번에는 동화 애니메이션처럼 전체 영상의 일관성보다는, 대본에 맞는 장면을 잘 표현하는 것이 더 중요해요. 각 장면에 어울리는 프롬프트를 하나씩 입력해 보면서, 대사의 분위기나 상황에 맞게 영상을 구성해 보는 연습을 해 볼 거예요. 책에 수록된 예제 영상과 프롬프트를 참고하면 처음 시작하기에도 어렵지 않아요.

우선 챗GPT가 작성한 대본을 참고해, 더 자연스럽게 이어지도록 대본을 작성해 보세요. 다양한 쇼츠를 만들어 보면서 여러분만의 '뉘앙스'를 설정하는 것이 중요합니다. 딱딱하고, 어색한 대본보다는 시청자가 듣고 싶은 대본을 작성해야겠죠. 챗GPT에게 대본을 써 달라 부탁했지만, 이를 바탕으로 여러분의 대본을 다시 적는 것이 정말 중요해요. 저는 아래와 같이 작성해 보았어요.

테세우스의 배 쇼츠 대본

❶ 이 배는 테세우스의 배입니다. 나무 판자 하나가 썩어서 교체했대도 같은 배겠죠?
❷ 그런데, 모든 부품을 교체하면, 이건 여전히 테세우스의 배일까요?
❸ 원래 부품들을 모아 조립하면 똑같은 배가 두 개? 뭐가 진짜 테세우스의 배일까요?
❹ 이걸 사람한테 적용하면? 우리의 세포는 몇 년마다 완전히 바뀐대요.
❺ 그럼 난 여전히 나일까요?
❻ 여러분은 어떻게 생각하시나요? 댓글로 알려 주세요!

대본을 작성했다면 이제, 장면에 어울리는 영상을 생성해야겠죠. 지금부터는 여러분의 상상력이 더욱 중요해요. 흥미로운 주제를, 더 흥미롭게 만들 다양한 영상을 생성해 보세요.

첫 번째 장면 만들기

이제 앞의 쇼츠 대본을 활용해 Sora로 영상을 만들어 보겠습니다. 먼저 '첫 번째 장면'입니다. 대본의 첫 대사인 테세우스 배와 비슷한 느낌의 영상을 요청했습니다. 저는 그리스 양식의 목선 영상을 만들었지만, 여러분은 다른 주제로 영상을 만들어도 좋습니다. 중요한 건 대본에 맞는 장면을 표현하는 것이에요.

A Greek-style wooden ship is floating on the sea.

그리스 양식의 목선이 바다 위에 떠 있습니다.

01 ① Sora를 엽니다. '첫 번째 장면' 프롬프트를 복사하여 Sora 프롬프트 창에 붙여넣기 합니다. ② 동영상 옵션은 비율(1:1), 해상도(480p), 길이(5초), 변형(1 video), 프리셋(None)을 선택하고, ③ 'Create Video' ↑를 클릭합니다.

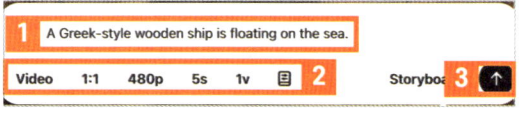

02 생성한 영상을 ⬇를 눌러 다운로드합니다.

두 번째 장면 만들기

'두 번째 장면'입니다. 대본의 두 번째 대사의 '교체'와 맞게 배를 수리하는 영상을 요청했습니다. 타임랩스 스타일로 생성하니 영상에 리듬감이 살아나는 듯하네요.

예제 파일 | 예제12.mp4   프롬프트 | 프롬프트19

+ A time-lapse animation shows the greek-style wooden ship gradually being repaired, with each wooden plank replaced one by one.

타임랩스 애니메이션으로 나무 판자가 하나씩 교체되면서 그리스 양식의 목선이 서서히 수리되는 과정을 보여 줍니다.

01 **1** '두 번째 장면' 프롬프트를 복사하여 Sora 프롬프트 창에 붙여넣기 합니다. **2** 동영상 옵션은 비율(1:1), 해상도(480p), 길이(5초), 변형(1 video), 프리셋(None)을 선택하고, **3** 'Create Video' ⬆ 를 클릭합니다.

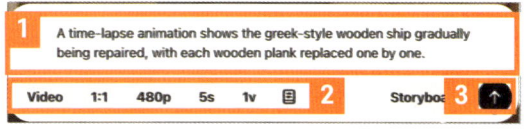

02 생성한 영상을 ⬇ 를 눌러 다운로드합니다.

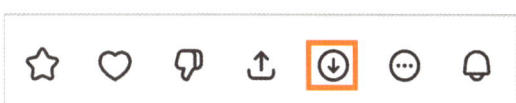

세 번째 장면 만들기

'세 번째 장면'입니다. 대본의 세 번째 대사에서 '배가 두 대'라는 점과 연관해 비슷하게 생긴 두 대의 배가 항해하는 영상을 요청했습니다.

+ Two identical greek-style wooden ships appear side by side.

두 척의 동일한 그리스 양식의 목선이 나란히 나타납니다.

01 **1** '세 번째 장면' 프롬프트를 복사하여 Sora 프롬프트 창에 붙여넣기 합니다. **2** 동영상 옵션은 비율(1:1), 해상도(480p), 길이(5초), 변형(1 video), 프리셋(Whimsical Stop Motion)을 선택하고, **3** 'Create Video' ⬆를 클릭합니다.

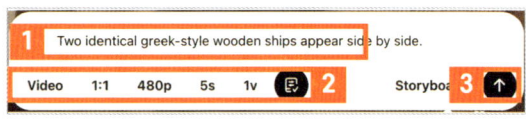

02 생성한 영상을 ⬇를 눌러 다운로드합니다.

네 번째 장면 만들기

'네 번째 장면'입니다. 대본의 네 번째와 다섯 번째 대사를 연결하고자 합니다. 우선은 젊은 여성의 영상을 요청했습니다.

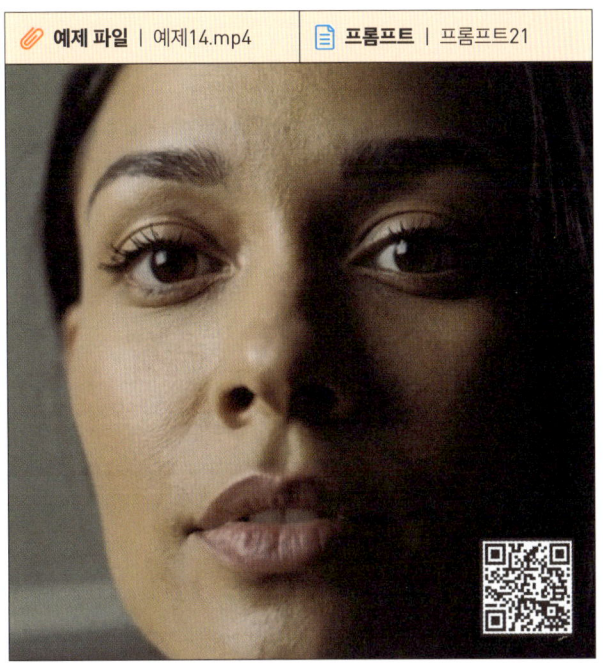

A close-up of a woman staring directly into the camera.

카메라를 정면으로 응시하는 여성의 클로즈업.

01 ① '네 번째 장면' 프롬프트를 복사하여 Sora 프롬프트 창에 붙여넣기 합니다. ② 동영상 옵션은 비율(1:1), 해상도(480p), 길이(5초), 변형(1 video), 프리셋(None)을 선택하고, ③ 'Create Video' ⬆를 클릭합니다.

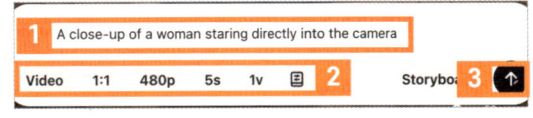

02 생성한 영상을 ⬇를 눌러 다운로드합니다.

다섯 번째 장면 만들기

'다섯 번째 장면'입니다. '네 번째 장면'에서는 젊은 여성이, '다섯 번째 장면'에서는 세포의 변화와 연관해 나이 든 여성이 등장하도록 영상을 연결하였습니다. [Remix] 기능을 사용하면 '네 번째 장면'의 구성뿐만 아니라, 여성의 모습까지 유지한 영상을 생성할 수 있습니다.

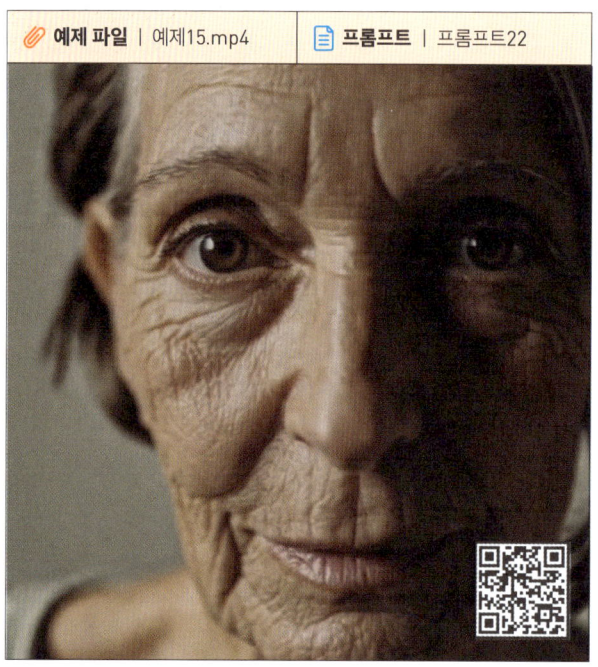

예제 파일 | 예제15.mp4   프롬프트 | 프롬프트22

+ Turn the woman into an old lady.

　여자를 할머니로 바꿔 주세요.

01 프롬프트 창에서 ✚ - [Choose from library]를 클릭합니다. 여성이 등장하는 '네 번째 장면'을 클릭합니다.

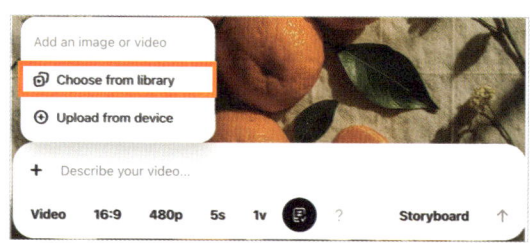

02 동영상이 업로드되면 **1** 다섯 번째 장면 프롬프트를 복사하여 Sora 프롬프트 창에 붙여넣기 합니다. **2** 동영상 옵션은 해상도(480p), 변형(1 video), 강도(Strong remix)를 선택하고, **3** [Remix]를 클릭하면 할머니가 카메라 정면을 응시하는 장면이 완성됩니다.

여섯 번째 장면 만들기

마지막 '여섯 번째 장면'은 영상이 끝나는 느낌을 주고자 했습니다.

| 예제 파일 | 예제16.mp4   프롬프트 | 프롬프트23

A distant view of the ocean with a greek-style wooden ship at sunset.

석양이 질 무렵 그리스 양식의 목선이 떠 있는 바다의 원경

01 　１ '여섯 번째 장면' 프롬프트를 복사하여 Sora 프롬프트 창에 붙여넣기 합니다. ２ 동영상 옵션은 비율(1:1), 해상도(480p), 길이(5초), 변형(1 video), 프리셋(None)을 선택하고, ３ 'Create Video' ⬆ 를 클릭합니다.

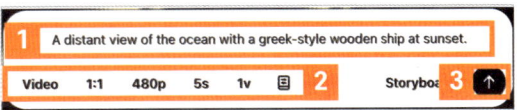

02 　생성한 영상은 우측 상단의 ⬇ 을 눌러 다운로드할 수 있습니다. 여섯 개의 영상을 모두 다운로드해 주세요.

> **TIP >>**
> 이번 영상 예제에는 정답이 없어요! 여러분이 생각할 때 더 괜찮은 구성이 있다면, 그것으로 구성해 보아도 좋아요.

 Vrew로 쇼츠 영상 편집하기

이제 Vrew를 활용해 영상에 내레이션과 자막 등 쇼츠에 꼭 필요한 요소들을 직접 추가해 보겠습니다. 영상의 분위기를 살려 주는 나레이션과 시선을 끄는 자막 등 Vrew를 이용하면 초보자도 어렵지 않게 유튜브 쇼츠를 만들 수 있어요. 이 챕터에서는 편집에 필요한 기본 기능들을 하나씩 따라 하면서, 쇼츠에 어울리는 리듬감 있는 영상으로 완성해 볼 거예요.

Vrew에 영상 업로드하기

이제 Vrew에 여섯 개의 영상을 모두 업로드합니다. 편집하기 쉽도록 인공지능이 장면 전환을 감지하여 클립을 나누게 합시다.

01 상단 메뉴에서 [파일] - **[새로 만들기]**를 클릭합니다.

02 '새로 만들기' 창에서 **[PC에서 비디오·오디오 불러오기]**를 클릭합니다.

03 모든 파일을 선택하고 **[열기(O)]**를 클릭합니다.

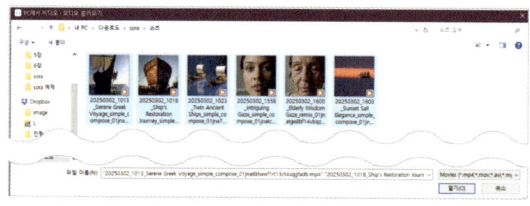

04 **1** 각 영상 우측의 ≡을 [드래그 앤 드롭]해서 '첫 번째 장면'부터 '다섯 번째 장면'까지 순서를 정렬합니다. **2** [각 파일마다 씬 나눠서]를 선택하고, **3** [영상 불러오기]를 클릭합니다.

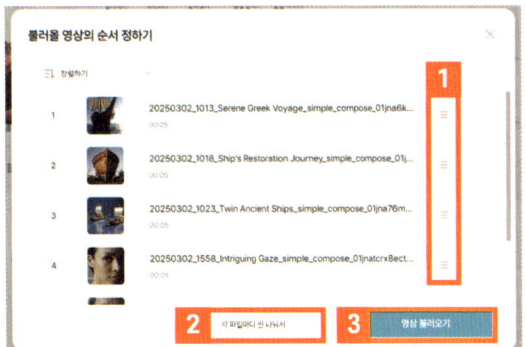

05 이번에는 큰 편집이 필요하지 않으므로 클립을 나누지 않겠습니다. '영상 불러오기 창'에서 [장면 전환 감지하기]를 누릅니다.

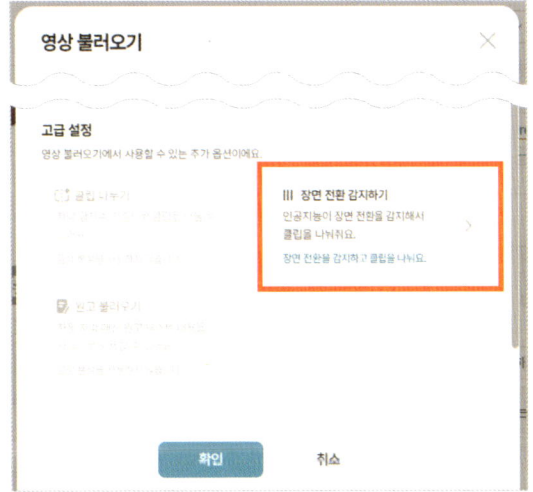

06 장면 전환 감지하기 창이 뜨면 [전환점 표시하기]와 [전환점에서 클립 나누기] 토글을 켜고 뒤로 돌아가, [확인]을 누릅니다.

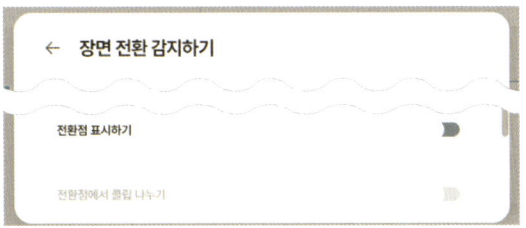

07 30초짜리 동영상 클립이 생성되었습니다. 이번 예제는 영상만 순서대로 배치하고, 편집은 진행하지 않았습니다. 완성 영상 '예제17.mp4'를 참고해도 좋습니다.

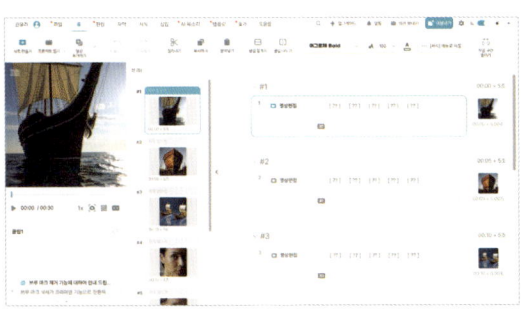

6장 유튜브 쇼츠 만들기 145

배경 음악 넣기

이제 영상에 분위기를 살려 줄 배경 음악을 넣어 볼 시간이에요. 간단한 설정만으로도 영상의 분위기가 확 달라지기 때문에, 어떤 음악을 고르느냐가 쇼츠의 완성도를 좌우할 수 있어요.

01 메뉴의 [삽입] - **[배경 음악]**을 클릭합니다.

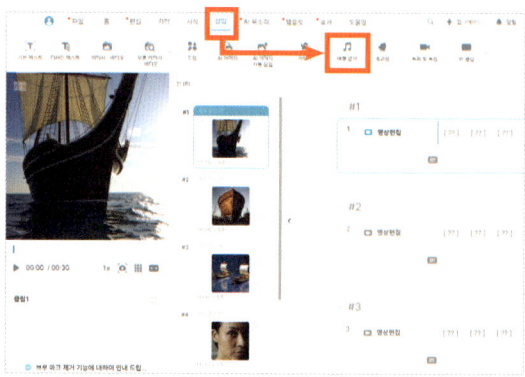

02 ① '적용 범위'는 **[전체 클립]**을 선택하고, 무료 음악 중에 마음에 드는 음악을 골라 봅시다. ② '무료 음악 검색창'에 '영화음악'을 입력하고 ③ 'Beginning of Legend'이라는 곡을 선택한 후, ④ **[삽입하기]**를 눌러 완료합니다.

03 ① 🎵 을 클릭하고 ② **[볼륨 조절]**에서 볼륨을 30으로 줄입니다.

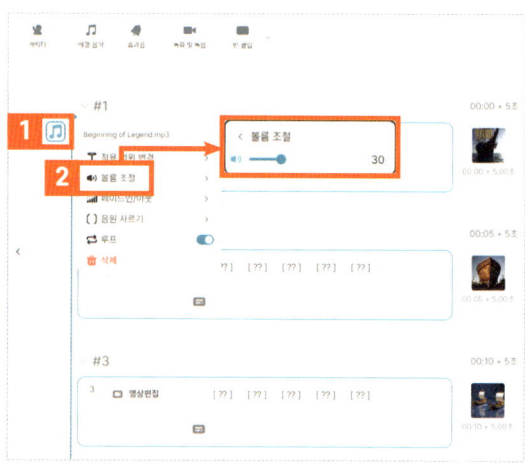

AI 음성 넣기

이제 쇼츠에 들어갈 내레이션을 추가해 볼 차례예요. 내레이션은 영상의 흐름을 자연스럽게 잇고, 몰입도를 높이는 중요한 요소예요. 아래 예시 문장을 그대로 활용하거나, 원하는 분위기에 맞게 응용해 보세요.

> ❶ 이 배는 테세우스의 배입니다. 나무 판자 하나가 썩어서 교체했대도 같은 배겠죠?
> ❷ 그런데, 모든 부품을 교체하면, 이건 여전히 테세우스의 배일까요?
> ❸ 원래 부품들을 모아 조립하면 똑같은 배가 두 개? 뭐가 진짜 테세우스의 배일까요?
> ❹ 이걸 사람한테 적용하면? 우리의 세포는 몇 년마다 완전히 바뀐대요.
> ❺ 그럼 난 여전히 나일까요?
> ❻ 여러분은 어떻게 생각하시나요? 댓글로 알려 주세요!

01 내레이션이 시작될 위치에 커서를 놓고 클릭합니다. 메뉴의 [AI 목소리] - **[AI 목소리 효과음]**을 클릭합니다.

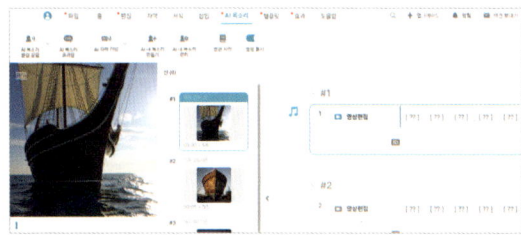

02 **1** 말풍선이 생기면 첫 번째 대사 '이 배는 '데세우스의 배'입니다. 나무 판자 하나가 썩어서 교체했대도 같은 배겠죠?'를 입력합니다. **2** **[목소리 설정]**을 누릅니다.

03 내레이션에 어울리는 목소리를 골라 봅시다. **1** 검색창에 '은희'를 입력하고, **2** 속도를 3단계로 높인 후, **3** [확인]을 클릭합니다. 이후 영상에도 같은 방식으로 내레이션을 추가해 완성합니다.

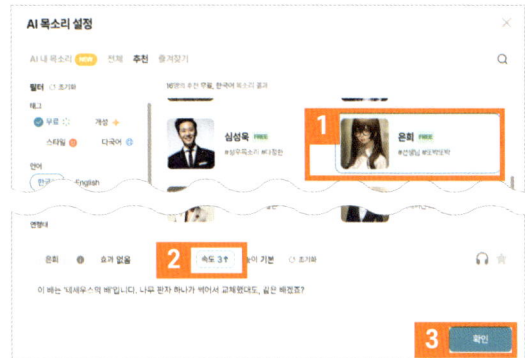

자막 넣기

이번에는 구독자들이 더 집중할 수 있도록 영상에 자막을 추가해 보겠습니다. 자막은 영상의 메시지를 더욱 명확하게 전달해 주고, 소리를 끄고 보는 시청자에게도 콘텐츠를 이해할 수 있게 도와줘요. 간단한 편집만으로도 시청 경험이 훨씬 좋아질 수 있어요.

> ❶ 이 배는 '테세우스의 배'입니다. 나무 판자 하나가 썩어서 교체했대도 같은 배겠죠?
> ❷ 그런데, 모든 부품을 교체하면, 이건 여전히 '테세우스의 배'일까요?
> ❸ 원래 부품들을 모아 조립하면 똑같은 배가 두 개? 뭐가 진짜 테세우스의 배일까요?
> ❹ 이걸 사람한테 적용하면? 우리의 세포는 몇 년마다 완전히 바뀐대요.
> ❺ 그럼 난 여전히 '나'일까요?
> ❻ 여러분은 어떻게 생각하시나요? 댓글로 알려 주세요!

01 의 오른쪽의 빈 칸을 클릭합니다.

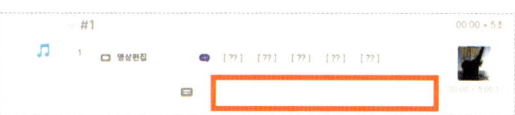

02 첫 번째 자막을 복사 및 붙여넣기 합니다.

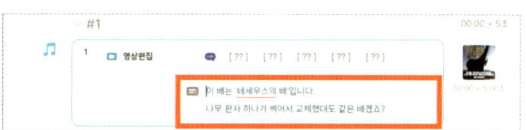

03 같은 방식으로 '여섯 번째 장면'까지 자막을 모두 추가해 완성합니다.

TIP >>

유튜브 쇼츠에 자막을 넣을 때는 화면 중앙보다 약간 아래쪽에 배치하면 가독성이 좋아요. 너무 긴 문장은 피하고, 한눈에 들어오는 짧은 문장으로 리듬감 있게 나누는 게 중요해요. 키워드나 강조하고 싶은 단어는 색상이나 크기를 다르게 해 주면 시선 집중에 효과적이에요. 특히 모바일 화면에서는 자막이 화면을 가리지 않도록 위치와 크기를 꼭 확인해야 해요.

완성된 영상 내보내기

영상을 편집하고, 배경 음악과 AI 음성까지 더해 드디어 유튜브 쇼츠를 완성해 보았어요. 이제 이 영상을 다운로드해서 직접 업로드하거나 공유해 볼 수 있어요. 짧지만 임팩트 있는 나만의 쇼츠가 탄생했네요!

01 우측 상단의 [내보내기]를 클릭하고, **[영상 파일(mp4)]** 형식을 클릭합니다.

02 **1** 대상 클립에서 **[모든 씬, 모든 클립]**, **2** 해상도는 **[원본]**을 클릭한 후 **3** **[내보내기]**를 클릭합니다.

03 파일 이름 '쇼츠'로 수정하고, **[저장(S)]**을 클릭해 내보내기를 완료합니다.

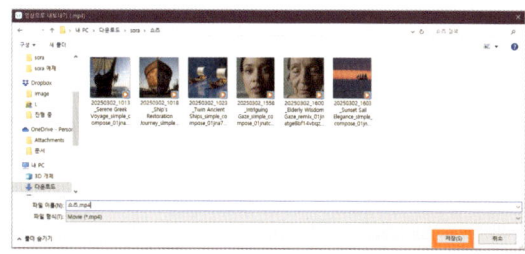

부록

1. Sora에 대해 자주 묻는 질문(FAQ)

Sora를 처음 접하시는 분들도, 이미 사용 중이신 분들도 궁금해 하시는 핵심 질문들을 모았습니다.

Sora에서 사용한 영상은 저작권이 있나요?

답변:

- Sora에서 생성된 영상은 사용자가 자유롭게 사용할 수 있지만, 상업적 사용 시에는 사용 조건을 확인해야 합니다.
  생성된 영상은 일반적으로 사용자의 자산으로 간주됩니다.
  다만, **Sora 워터마크 제거 옵션**은 프로 플랜에서만 제공됩니다.

생성된 영상의 화질은 어떤가요?

답변:

- 플러스 플랜은 **480p**와 **720p**, 프로 플랜은 **480p, 720p, 1080p** 영상을 생성할 수 있습니다.

영상 제작 시간이 얼마나 걸리나요?

답변:

- 짧은 영상은 보통 **1~3분 내외**로 완성됩니다.
- 복잡한 프롬프트나 고화질 옵션을 사용할 경우, 생성하는 영상 길이가 길다면 처리 시간이 조금 더 길어질 수 있습니다.

어떤 디바이스에서 Sora를 사용할 수 있나요?

답변:

- Sora는 **웹 기반 플랫폼**으로, 대부분의 브라우저(Chrome, Edge, Safari 등)에서 사용할 수 있습니다.

- 모바일, 태블릿에서도 사용 가능하지만, 데스크톱 환경이 더 편리합니다.

한국어 프롬프트도 지원되나요?

답변:

- 네, Sora는 한국어를 포함해 다국어 프롬프트를 지원합니다. 하지만 25년 5월 기준 가장 결과물이 좋은 프롬프트 언어는 영어입니다.
- 단, 특정 언어의 표현이 영상 결과에 영향을 줄 수 있으니 간단하고 명확한 문장을 사용하는 것이 좋습니다.

생성된 영상을 Sora에서 바로 편집할 수 있나요?

답변:

- Sora 자체적으로는 간단한 **컷 편집**이나 설정만 가능합니다.
- 고급 편집이 필요할 경우, Sora에서 만든 영상을 다운로드하여 **Vrew, 프리미어 프로, 파이널 컷 프로** 등의 편집 도구로 수정할 수 있습니다.

생성된 영상을 Explore 피드에서 공유하지 않을 수 있나요?

답변:

- 페이지 오른쪽 상단의 [프로필 아이콘] - [Settings] - [General] 탭을 클릭하고, [General] 탭에서 **[Publish to explore]** 토글을 OFF하면 공유 기능을 비활성화할 수 있습니다.

내 콘텐츠를 Sora 모델 개선에 활용하지 않도록 할 수 있나요?

답변:

- 페이지 오른쪽 상단의 [프로필 아이콘] – [Settings] – [General] 탭을 클릭하고, [General] 탭에서 **[Improve the model for everyone]** 토글을 OFF하면 콘텐츠 활용을 통한 모델 기능 개선을 비활성화할 수 있습니다.

오픈AI는 내 개인 데이터를 어떻게 사용하나요?

답변:

- 오픈AI는 개인 데이터를 사용하여 서비스를 마케팅하거나 광고하지 않으며, 모델을 개선하는 용도로 콘텐츠를 사용합니다.

플랜 구독은 어떻게 취소하나요?

답변:

- **https://chatgpt.com/** 으로 이동하여 오른쪽 상단의 [프로필 아이콘] – [설정] – [구독] 탭을 클릭하고, '구독' 탭에서 [관리] – [구독 취소]를 클릭합니다. 구독을 취소해도 구독한 기간이 끝나는 날까지는 구독이 유지됩니다.

2. Sora 프롬프트.zip

Sora로 이렇게 다양한 영상을 제작할 수 있답니다. 참고하기 좋은 스타일을 모아 봤어요. 사용자 환경에 따라 QR코드의 링크가 나타나지 않을 수 있어요.

픽셀 스타일

질주하는 스타일

하강하는 스타일

피켓 스타일

미니어처 스타일

요리하는 동물 스타일

패러디 스타일

고대 스타일

VHS 스타일

기타 치는 동물 스타일

1920년대 스타일

드론 촬영 스타일

셀프 카메라 스타일

사이버펑크 스타일

상상력을 자극하는 스타일

마치며

우리는 단순히 영상을 보는 시대를 넘어 직접 만들고 표현하는 시대에 살고 있습니다. 이 책과 함께한 여정은, 여러분이 '창작자가 되는' 첫걸음을 내디디는 시간이었습니다.

처음엔 생소하게 느껴졌던 '프롬프트'라는 말, 막막하게만 보였던 'AI 영상 제작'이라는 과정도 이제는 여러분의 도구이자 언어가 되었을 것입니다.

영상은 더 이상 전문가만의 전유물이 아닙니다. AI와 함께라면, 여러분의 글 한 줄, 생각 한 조각도 빛과 움직임을 가진 이야기로 다시 태어날 수 있습니다.

물론, 아직 미지의 영역도 많습니다. 때로는 원하는 결과가 나오지 않아 답답할 수 있습니다. 그럴 때마다 이 책에서 익힌 원리와 방법, 그리고 여러분이 직접 만든 첫 영상을 떠올려 주세요.

우리가 익힌 건 단순한 사용법이 아니라, AI와 함께 상상을 현실로 구현하는 힘이니까요.

Sora는 앞으로도 계속 진화할 것이고, AI 영상 제작의 세계는 더욱 넓고 풍부해질 거예요. 이제 그 중심에, 여러분이 설 차례입니다.

세상에 없던 영상을, 누구도 본 적 없는 장면을, 여러분만의 감성과 세계를 담아 직접 만들어 보세요. 끝은 없고, 가능성만 있는 새로운 창작의 세계가 지금 이 순간에도 여러분 앞에 펼쳐지고 있습니다. 새로운 프롬프트를 써 보고, 전혀 다른 스타일의 영상에도 도전해 보세요. Sora는 무한한 가능성을 열어두고 여러분을 기다리고 있습니다.

찾아보기

ㄹ~ㅇ

릴스 013
사이드바 026
세부 설명 064
쇼츠 133
스타일 065
스토리보드 045, 113
시네마틱 067, 069, 070, 072, 088

ㅈ~ㅍ

주제 063, 081, 083
지침 090
크레딧 025
클로즈업 069, 070, 073, 075, 076
틱톡 013
프롬프트 013
프리셋 038, 092, 096

로마자

B~H

Blend 048
dolly shot 073
extreme close-up 073
Favorites 탭 032
GPTs 081
handheld shot 073

I~P

Images 탭 027
Library 탭 030
Likes 탭 026, 027, 030, 031
Loop 029, 031, 044, 048, 056, 057, 058
My media 탭 031
over-the-shoulder shot 073
Pika 2.0 020

R~V

Re-cut 048
Remix 048
Remix strength 053
Runway Gen-3 Alpha 020
Search 026
slow zoom-in 073
Top 탭 029
tracking shot 073
Transition blend 056
Trash 탭 033
ultra-realistic 071
Uploads 탭 030, 032
Videos 탭 028

번호

1:1 036
8K 069, 070, 071
9:16 036
16:9 035

진솔한 서평을 올려 주세요!

이 책 또는 이미 읽은 제이펍의 책이 있다면, 장단점을 잘 보여 주는 솔직한 서평을 올려 주세요.
매월 최대 5건의 우수 서평을 선별하여 원하는 제이펍 도서를 1권씩 드립니다!

- **서평 이벤트 참여 방법**
    - ❶ 제이펍 책을 읽고 자신의 블로그나 SNS, 각 인터넷 서점 리뷰란에 서평을 올린다.
    - ❷ 서평이 작성된 URL과 함께 review@jpub.kr로 메일을 보내 응모한다.

- **서평 당선자 발표**

    매월 첫째 주 제이펍 홈페이지(www.jpub.kr)에 공지하고, 해당 당선자에게는 메일로 연락을 드립니다.
    단, 서평단에 선정되어 작성한 서평은 응모 대상에서 제외합니다.

독자 여러분의 응원과 채찍질을 받아 더 나은 책을 만들 수 있도록 도와주시기를 바랍니다.